잠시 멈춤도
삶의 일부다

잠시 멈춤도 삶의 일부다

발행일   2025년 11월 5일

지은이   양중기
펴낸이   손형국
펴낸곳   (주)북랩

출판등록   2004. 12. 1(제2012-000051호)
주소   서울특별시 금천구 가산디지털 1로 168, 우림라이온스밸리 B동 B111호, B113~115호
홈페이지   www.book.co.kr
전화번호   (02)2026-5777   팩스   (02)3159-9637

ISBN   979-11-7224-931-1 03190(종이책)   979-11-7224-932-8 05190 (전자책)

본 도서는 (주)북랩이 보유한 리코 인쇄 장비 등 자체 생산 인프라를 통해 제작되었습니다.

작가 연락처 문의 ▸ ask.book.co.kr

전용 게시판에 문의를 남기시면 저자에게 직접 전달됩니다.

(주)북랩 성공출판의 파트너

북랩 홈페이지와 SNS에서 다양한 출판 솔루션을 만나 보세요!

홈페이지 book.co.kr   •   **블로그** blog.naver.com/essaybook   •   **출판문의** text@book.co.kr
카톡채널 북랩

잠시 멈춤도
삶의 일부다

양중기 지음

 북랩

머리말

멈추는 순간이, 새로운 길을 찾는 시작이 된다.

이 책은 첫 사회생활을 시작하며 자신의 길을 찾아가는 청년부터, 새로운 전환점을 모색하며 두 번째 커리어를 준비하는 직장인까지 폭넓게 공감할 수 있는 메시지를 담고 있다. 불안정한 고용 환경 속에서 흔히 '실패'로 여겨지던 선택들을 다시 바라보며, 변화와 도전의 과정을 삶을 성장시키는 중요한 가치로 제시한다. 평범한 일상을 살아가는 누구라도 스스로의 선택을 긍정하고, 앞으로 나아갈 용기를 얻을 수 있도록 돕는다.

1장 첫 선택의 연습

2장 선택의 시작과 현실

10장 행복을 선택하는 삶

살다 보면 누구나 수많은 선택의 갈림길에 선다. 전공을 정할 때, 직장을 선택할 때, 예상치 못한 실패를 겪을 때, 혹은 몸과 마음이 더 이상 버티기 힘들어 멈춤을 고민할 때. 그 순간마다 우리는 "완벽한 선택을 해야 한다"는 압박에 시달린다. 하지만 경험이 쌓일수록 깨닫는다. 완벽한 선택이란 애초에 존재하지 않는다는 것을. 중요한 건 완벽한 선택이 아니라, 선택한 뒤 그 길을 어떻게 걸어가느냐이다.

이 책은 이상적인 성공담을 말하지 않는다. 그보다 내가 직접 겪은 평범한 고민과 선택의 순간들, 그리고 그 과정에서 얻은 성장의 여정을 담았다. 대부분의 사람들처럼 평범한 선택을 하며 살아가는 과정 속에서, 그 평범함이 어떻게 나를 단단하게 만드는지에 대한 이야기다.

무엇보다 방황과 실패를 부정하지 않는다. 오히려 그것들이 삶의 일부임을 받아들이고, 그 속에서 다시 일어서는 방법을 전한다. 잠시 멈추는 시간은 공백이 아니라, 새로운 선택을 위한 준비 과정이다. 지금 멈춰 서 있다면 조급해하지 말자. 그 시간 속에서도 당신의 길은 계속 이어지고 있다. 그리고 그 시간이 결국, 다시 앞으로 나아갈 가장 단단한 자산이 될 것이다.

이 책의 로드맵

1장 첫 선택의 연습

인생에서 스스로의 선택은 거창한 결단이 아니라, 대학 시절의 작은 고민과 도전 속에서 시작된다.

부모의 환경과 성장 배경이 다르듯, 누구나 다른 출발선에서 시작한다. 그 차이를 인정할 때 비로소 불필요한 비교에서 벗어나 자신만의 속도로 나아갈 수 있다. 그리고 우리는 AI가 일상과 일을 빠르게 바꾸는 시대까지 접하고 있다. 전공과 적성, 흥미와 현실 사이에서 흔들리며 부딪히는 경험은 자신과 시장의 가치를 알아가는 연습이 된다. 실패와 방황은 좌절이 아니라 배움의 과정이며, 그 속에서 우리는 자신에게 맞는 길과 속도를 찾아간다. 결국 완벽한 선택은 없고, 스스로 선택하고 책임지는 연습이 인생의 첫 성장이 된다.

2장 선택의 시작과 현실

직업은 어느 날 갑자기 정해지는 것이 아니라, 성장 과정 속의 작은 선택들이 쌓여 만들어진다. 좋아하는 일과 잘하는 일, 그리고 현실 사이에서 흔들리며 우리는 '나에게 맞는 무대'를 찾아간다. 급한 취업보다 중요한 것은, 나의 성향과 리듬에 맞는 일을 선택하는 것이다. 직업은 단순한 생계 수단이 아니라, 인생의 대부분을 함께할 '삶의 형태'이기 때문이다. 스펙보다 오래 가는 것은 성격이고, 조건보다 오래 가는 것은 나와의 궁합이다. 결국, 나에게 맞는 무대를 선택하는 것이야말로 후회 없는 커리어의 시작이다.

3장 첫 만남 그리고 현실에서의 배움

채용 과정은 기업이 지원자를 평가하는 자리이자, 지원자가 회사를 평가하는 시간이다. 면접관의 태도, 절차의 투명성, 그리고 작은 질문 하나에도 조직의 진심이 드러난다. 합격 취소나 불합리한 대우처럼 예상치 못한 일은 아픔이 되지만, 결국 나를 단단하게 만든다. 입사 후 첫 수습 기간은 검증의 시간이 아니라, 나와 회사가 서로를 알아보는 기회다. 중요한 건 완벽한 회사가 아니라, 나를 지치게 하지 않는 환경을 찾는 것이다. 현실의 흔들림 속에서도 자신을 잃지 않는 태도, 그것이 진짜 성장의 시작이다.

4장 일과 건강 그리고 멈춤의 용기

삶은 언제든 흔들릴 수 있다. 예고 없이 찾아오는 위기 속에서 가장 먼저 무너지는 건 돈이 아니라 마음과 몸이다. 임금체불, 번아웃, 질병, 공황… 모두가 나를 시험하지만, 그 안에서도 자신을 지키는 선택은 가능하다. 버티는 것보다 용기 있는 멈춤이 더 큰 회복을 만든다. 멈춘다는 건 도망이 아니라, 다시 일어서기 위한 준비다. 몸이 보내는 작은 신호에 귀 기울이고, 나를 지키기 위한 결단을 내릴 때 비로소 삶의 방향이 선명해진다. 진짜 용기는 끝까지 달리는 게 아니라, 멈춰야 할 때를 아는 것이다.

5장 선택하는 삶으로 가는 길

불안정한 시대에 '겸업'은 생존이자 준비다. 한 길만 고집하기보다, 다양한 가능성을 열어두는 유연함이 필요하다. 안정된 직장도, 불안정한 열정도 언제든 흔들릴 수 있다. 그러나 중요한 건 흔들림 속에서도 자신을 지키는 기준과 방향이다. 경력의 공백은 끝이 아니라, 다시 나를 세우는 시간이다. 그 시간을 어떻게 쓰느냐에 따라 인생의 다음 장이 달라진다. 작은 시도라도 나의 이름으로 시작하는 일, 그것이 결국 선택의 힘을 키운다.

하나의 직업에 묶이지 않고, 나답게 살아가는 법. 그 불안한 세상 속에서 '삶의 주도권'을 되찾는 방법을 이야기한다.

6장 사람, 믿음 그리고 나의 자리

회사는 일과 사람이 교차하는 공간이며, 그 사이에는 반드시 지켜야 할 '적당한 거리'가 있다. 모든 부탁에 '네'라고 답하던 사람도 결국 자신을 지키기 위해 거절의 기술을 배워야 한다. 회사에서 진심으로 믿고 함께 나아갈 '내 편'한 명이 있다면, 그것만으로도 버틸 이유가 된다. 회사를 떠난 뒤에도 남는 관계는 단순한 인연이 아니라, 나를 단단하게 만드는 자산이다. 결국 일터의 관계는 거리보다 진심이, 수많은 얕은 인연보다 단 한 사람의 신뢰가 더 큰 힘이 된다.

7장 일과 나 사이의 균형

열심히 일하는 것만이 정답이었던 시대는 지나갔다. 지금은 '일과 나' 사이의 균형을 찾는 시대다. 우리는 한정된 시간과 에너지 속에서 무엇에 집중할지 선택해야 한다. 욕심을 줄이고, 나에게 진짜 중요한 일에 집중할 때 비로소 성취와 평안이 함께 온다. 일은 인생의 큰 부분을 차지하지만, 결국 삶의 일부이며, 휴식은 뒤처짐이 아니라 회복이다. 너무 많은 것을 하려 하기보다, 지금 이 순간 나를 지키는 집중과 선택이 진짜 성장의 시작이 된다.

8장 변화를 마주하는 순간들

이직과 퇴사는 실패가 아니라 새로운 가능성을 찾는 과정이다. 우리는 회사를 통해 성장도 하지만, 언젠가는 그곳을 떠나야 할 때가 온다. 불공정한 평가와 지친 마음, 그리고 멈추지 않는 불안 속에서도 자신을 잃지 않는 태도가 중요하다. 떠남은 도망이 아니라 방향을 다시 세우는 결단이며, 공백은 스스로를 재정비하는 시간이다. 준비되지 않은 이별 속에서도 배움은 남고, 멋지게 떠난 사람만이 다시 당당히 시작할 수 있다. 결국 변화의 순간은 우리를 더 단단하게 만드는 성장의 길이다.

9장 선택과 실수, 나를 다시 만드는 시간

완벽한 선택은 존재하지 않는다. 잘못된 결정도, 예상치 못한 실패도 결국은 나를 성장시키는 재료가 된다. 중요한 것은 실수하지 않는 삶이 아니라, 실수 속에서도 배우는 태도다. 잘못된 선택은 후회로 끝나지 않고, 오히려 내가 원하는 방향을 더 분명히 보여준다. 고민보다 행동이, 완벽함보다 실행이 우리를 앞으로 나아가게 한다. 실수와 실패를 통해 자신을 다듬어 가는 과정이 결국 진짜 나를 완성시킨다.

10장 행복을 선택하는 삶

행복은 거창한 순간이 아니라, 매일 반복되는 선택 속에서 자란다. 작은 결정 하나가 삶의 방향을 바꾸고, 균형 잡힌 하루가 만족을 만든다. 사람과의 연결 속에서 우리는 함께 성장하고, 진짜 기쁨을 배운다. 과거의 흔적과 경험은 미래를 설계하는 자산이 된다. 행복은 기다림이 아니라, 오늘 내가 내리는 선택 속에 이미 존재한다.

우리는 살아가면서 마주하게 되는 선택의 순간에 그 속에서 배우고 중요한 교훈들을 얻는다. 삶은 거창한 순간보다는 매일 반복되는 일상의 순간들이 모여 만들어지며, 바로 그 일상 속에서 행복과 만족감이 피어난다. 각 장에서는 그 선택을 어떻게 해야 하는지, 그리고 자기 자신을 더 잘 이해하고 성장할 수 있는지에 대해 이야기한다.

1장

*

첫 선택의 연습

시작의 다름

인생의 선택은 작은 연습에서 시작된다. 우리는 어린 시절부터 수많은 선택의 기로에 서지만, 성인이 되기 전까지는 대부분 부모나 보호자가 대신 결정해 준다. 그렇기에 스스로 선택했다고 느끼기 어려운 경험이 많다. 대학 시절의 작은 고민, 첫 도전, 작고 사소한 실패와 성공조차도 모두 앞으로 마주할 큰 선택을 준비시키는 '스스로 결정하는 연습'이 된다.

먼저 인정해야 할 사실은, 각자의 출발선이 다르다는 것이다. 흔히 말하는 금수저, 의사 집안, 교수 집안, 혹은 평범한 가정에서 자란 학생 모두가 겪는 첫 선택의 연습 속 이야기를 통해, 자신을 발견하고 성장하는 과정을 조명하려 한다. 부모의 직업과 환경이 자녀의 삶에 미치는 영향은 예나 지금이나 다르지 않다. 부와 기회의 대물림은 여전히 존재한다. 출발선이 다르다는 것은, 같은 레이스에 서 있어도 이미 다른 거리를 달리고 있다는 의미다.

SNS가 활발한 사회에서는 타인의 삶을 접하기가 너무나 쉬워졌다. 친구들의 성취, 여행, 학업 성과, 직장 생활 등 다양한 모습을 손쉽게 접하며, 자연스럽게 자신과 비교하는 시간이 늘어난다. 물론 어떤 사람은 성장 과정에서 불안이나 어려움 없이 살아왔을 수도 있다. 하지만 그들과 나를 같은 기준으로 비교하는 건 시간 낭비다. 그럴수록 뒤처졌다는 불안이 커지고, 우울감에 스스로를 더 괴롭게 만든다. 이 차이를 인정하지 못하면, 억지로 따라가려 애쓰다 기회와 경험의 한계에 부딪히고 결국 지치고 좌절하게 된다.

노력만으로는 성장 과정에서 쌓인 환경의 차이를 완전히 극복하기 어렵고, 그 차이는 성인이 되어 대학과 직장, 사회, 관계 속에서도 계속 드러난다. 어린 시절부터 해외 경험과 다양한 학습 기회를 자연스럽게 접근할 수 있는 사람들은, 등록금이나 생활비 걱정 없이 하고 싶은 경험과 하고 싶은 일에 몰두할 수 있다. 그들이 가진 것은 눈에 보이지 않는 경쟁력, 즉 성장 과정에서 접한 경험의 총합이다. 반대로 평범하거나 어려운 가정에서 자란 사람들은 작은 선택에도 신중할 수밖에 없다. 사고 싶은 책 한 권, 학원 한곳 다니는 일조차 고민해야 한다. "하고 싶다"보다 어쩔 수 없이 "해야 한다"가 먼저인 삶, 그 속에서 우리는 작은 선택과 경험을 통해 자신을 알아가는 법을 배운다.

대학 생활은 바로 자기 발견의 첫 연습이다. 전공과 적성 사이에서 고민하고, 어떤 학문이 자신의 흥미와 장점을 살려줄지 탐색하며, 강의실에서의 선택 하나하나, 교수와의 질의응답, 세미나 참여까지 모두 자기 판단과 책임을 경험하는 연습이 된다.

동아리 활동, 아르바이트, 학회 참여와 같은 작은 도전은 자신의 성향과 강점을 확인하고, 한계와 취약점을 알아가는 기회가 된다. 처음 맡은 역할에서 실수하거나 예상치 못한 어려움을 겪는 경험조차 중요한 배움이 된다. 인간관계 속에서 배우는 경계와 소통은 또 다른 선택의 연습이다. 친구, 선후배, 동아리 멤버와의 갈등과 협업 과정에서 우리는 스스로의 기준과 의사를 명확히 하는 법을 배우고, 어떤 관계에 에너지를 쏟아야 할지, 어떤 상황에서 거리를 두어야 할지를 감각으로 익히게 된다.

대학에서의 선택과 경험은 단순히 학생 신분에 머물지 않는다. 그것은 성인이 되어 사회에 첫발을 내딛는 연습이자, 자신의 가치관과 기준, 성장 속도를 발견하는 과정이기도 하다. 수많은 작은 선택을 통해 "나는 어떤 환경에서, 어떤 방식으로 성장할 수 있는가"를 몸과 마음으로 배우며, 이 경험들은 나중에 직업 선택과 관계 형성에 그리고 결국 삶의 방향을 결정하는 중요한 기준점이 된다.

출발선이 다르다는 사실을 인정하면, 불필요한 비교와 억울함에서 벗어나 자신만의 속도로 걸을 수 있는 힘이 생긴다. 부러움은 질투가 아니라 작은 영감이 되고, 자신이 있는 자리에서 한 걸음씩 앞으로 나아가는 과정 자체가 성장으로 이어진다.

나 역시 평범한 가정에서 자랐다. 집안 형편은 넉넉지 않아, 때로는 생활의 어려움을 직접 체감해야 했다. 그 속에서 자연스럽게 '스스로 해내야 한다'는 생각이 자리 잡았다. 하지만 그런 경험 덕분에, 작은 선택과 도전을 거듭하며 자신만의 길을 찾아가는 힘을 조금씩 길러올 수 있었다. 중요한 것은 다른 사람을 따라잡으려고 애쓰는 것이 아니라, 지금 서 있는 자리에서 한 걸음씩 나아가는 것이다.

대학 시절의 고민과 도전, 작은 실패와 성취는 앞으로 마주할 인생의 선택들을 준비시키는 소중한 밑거름이 된다. 출발선이 다르다는 사실을 인정하고, 각자의 속도와 상황 속에서 최선을 다하고 경험 속에서 자신을 조금씩 알아가자. 스스로의 기준과 판단력을 만들어 가는 과정은 첫 선택의 연습이자 앞으로의 삶에서 필요한 용기와 통찰을 쌓는 길이 된다. 결국 중요한 것은 완벽한 선택이 아니라, 이러한 연습을 통해 스스로 성장하고 앞으로 나아갈 힘을 길러가는 것이다.

전공과 적성 사이의 고민

직업 선택의 갈림길은 생각보다 빨리 찾아온다. 어린 시절 특별한 재능을 일찍 발견하지 못한다면, 대부분 고등학교 진학 때부터 특성화고와 일반고 그리고 문과와 이과 중에서 방향을 선택해야 하는 상황에 놓이게 된다. 물론 성적이라는 현실적인 요소가 그 선택을 크게 좌우하기도 한다. 그래도 그때 내린 결정이 인생 전체를 완전히 고정시키는 것은 아니다. 대학 진학이라는 또 다른 기회 앞에서 방향을 바꿀 수 있다. 나 역시 인문계 문과를 선택했지만, 대학 전공으로는 전혀 다른 길인 컴퓨터공학을 택했다.

많은 학생이 전공과 적성 사이에서 고민한다. 대학은 꿈과 현실이 본격적으로 부딪히는 무대다. 막상 수업을 듣다 보면 '이 길이 나에게 맞는 걸까'하는 의문이 들고, 때로는 완전히 다른 분야에 마음이 끌리기도 한다. 중요한 것은 정답을 단숨에 찾아내는 것이 아니다. 탐색하고, 실험하고, 부딪혀 보는 과정 속에서 자기만의 길이 보인다.

이 과정에서 시장의 현실도 고려해야 한다. 우리는 AI(Artificial Intelligence)가 일상과 일을 빠르게 바꾸는 시대까지 접하고 있다. AI는 결국 중간 정도 하는 사람의 일까지 대체하고 있으므로, 이로 인해 직업과 직장은 더욱 불안한 시대가 되었다. 이 시대에 어떤 선택이 가치 있는지는 결국 '시장에서 인정받을 수 있는 가능성'과 연결되어 있다는 것이다. 박찬호가 던지는 공은 단순한 노동이 아니라, 시장이 부여한 가치를 가진 활동이다. 택배 기사가 물건을 배달할 때보다 박찬호가 공을 던질 때 훨씬 높은 보상을 받는 이유는, 그의 행위가 시장에서 높은 수요와 가치를 인정받기 때문이다. 하지만 야구라는 스포츠가 없었다면, 아무리 뛰어난 투수라도 돈을 벌 수 없었을 것이다. 박세리의 골프, BTS의 노래도 마찬가지다. 시장이 없으면 가치가 실현되지 않는다.

따라서 중요한 것은 단순히 적성과 흥미를 발견하는 데 그치지 않는다. 그것이 실제로 시장에서 인정받아 의미 있는 성과로 이어질 수 있는지를 함께 탐색하는 과정이 필요하다.

나 역시 내 마음 깊은 곳에서 가장 끌렸던 것은 미술이었다. 어릴 적부터 색감에 예민했고, 사물을 보는 눈이 남들과 다르다는 말을 자주 들었다. 그림을 그리고, 모형을 만들고, 상상 속의 이미지를 눈앞에 펼쳐내는 일은 내게 놀이이자 꿈이었다. 여러 미술 대회에서 받았던 상장은 지금도 내 안의 설렘을 떠올리게 한다. 그 모든 순간이 "미술이 나의 적성"임을 말해주고 있었다.

그러나 적성과 시장 가치가 늘 같은 방향을 가리키지는 않는다. 2000년대 초반, 미술을 직업으로 삼을 수 있는 시장은 여전히 협소했고, 사회적 인식 또한 차갑기만 했다. 좋아하는 것을 끝까지 붙잡고 현실을 외면하기에는 미래가 두려웠다. 결국 나는 미술 대신 컴퓨터공학을 선택했다. 그것은 처음엔 '차선'처럼 보였지만, 돌이켜보면 내 안에 숨어 있던 또 다른 가능성을 열어준 결정이었다.

처음 컴퓨터공학을 접했을 때의 설렘은 지금도 생생하다. 인문계 문과 출신이었던 나는 학교에서 그 세계를 접할 기회가 거의 없었다. 관심이 커 고등학교 2학년 때 잠시 학원을 다녔지만, 이후 수능 준비에 몰두하느라 고3 때는 이어가지 못했다. 그래서인지 대학에 들어와서는 억눌렸던 호기심이 샘물 터지듯 한꺼번에 쏟아져 나왔다. 새롭게 배우는 모든 것이 매 순간 신선하게 다가왔고, 나는 온전히 공부에 몰입했다. 그 결과 첫 학기 성적이 상위권에 오른 것은 믿기 어려운 일이었지만, 동시에 내 안에 숨겨져 있던 열정이 실재함을 확인한 순간이었다.

군 복무를 마치고 복학했을 때, 새로 지어진 대학 건물의 밝고 넓은 도서관과 캠퍼스 곳곳에 흐르던 배움의 기운. 그 속에 있는 것만으로도 행복했다. 대학은 단순히 공부하는 공간이 아니라, 또 다른 세계를 탐험하며 성장할 수 있는 나만의 놀이터였다.

무엇보다도 교수님들의 존재는 큰 힘이 되었다. 처음엔 질문조차 망설였지만, 조금씩 성격을 바꾸며 교수님들께 다가갔다. 다행히 많은 교수님들이 내 호기심을 반갑게 받아 주셨다. 때로는 더 깊이 고민하라며 추가적인 과제를 내주셨고, 어떤 때는 단 한마디 조언으로 내 시야를 완전히 바꾸어 놓았다. 그마저도 부담이 아니라 기쁨이었다. 이미 스스로 즐기며 몰입하고 있었기에, 더 많은 시도와 배움은 곧 더 큰 즐거움이 되었기 때문이다.

돌이켜보면, 나는 미술을 포기한 것이 아니었다. 단지 다른 방식으로 내 안의 창조성과 탐구심을 펼칠 길을 찾은 것이다. 컴퓨터공학은 미술과 달랐지만, 새로운 세계를 그려내고 만들어내는 과정에서는 오히려 닮아 있었다. 적성과 흥미 사이에서 흔들리던 고민은 결국 나를 더 깊이 알아가는 여정이 되었고, 그 시간은 지금의 나를 단단히 세워준 토대가 되었다.

진심으로 끌리는 일에 몰입할 때, 성과보다 더 큰 보상이 있다. 그것은 배움 자체에서 오는 환희다. 실패해도 다시 시도할 수 있다는 용기, 스스로 성장하고 있다는 확신은 삶을 더욱 단단하게 만든다. 대학 생활은 단순히 지식만을 쌓는 시기가 아니다. 자기 자신을 발견하고, 불안과 갈등 속에서도 한 걸음씩 성장하는 첫 무대다. 그 무대 위에서 우리는 결국 깨닫는다.

대학 생활은 사회로 나아가기 전에 작은 모의 훈련장이 되어 준다. 그리고 이러한 흐름 속에서 전공과 적성 사이에서 나에게 맞는 길이 조금씩 좁혀져 간다. '내가 선택한 전공이 정말 맞을까?' 하는 고민은 누구나 하지만, 교과서와 강의실 안에서만 답을 찾을 수는 없다. 오히려 교외 활동이나 새로운 경험 속에서 전공을 다른 시각으로 바라보게 되거나, 자신이 가진 흥미와 장점이 예상치 못한 방식으로 이어지기도 한다. 그래서 중요한 것은 처음부터 완벽한 선택을 하는 것이 아니라, 다양한 기회를 시도하며 흔들림 속에서도 자신만의 길을 찾아가는 것이다. 완벽한 선택이 중요한 것이 아니라, 흔들림 속에서 자기만의 길을 만들어가는 것이 진짜 성장이다.

작은 도전이 알려준 나

대학교에 입학하면 누구나 처음 맞이하는 자유에 설레기 마련이다. 고등학교 시절 끝없는 공부에 눌려 지내던 시간들을 보상받듯, 마음껏 선택하고 경험하고 싶어진다. 나도 마찬가지였다. 하지만 그 자유 속에서 내가 무엇을 좋아하고, 또 무엇을 잘할 수 있는지 알게 된 것은 크고 거창한 일이 아니라, 작은 도전들을 통해서였다.

처음 시도한 것은 동아리 활동이었다. 기대에 부풀어 과방을 찾았지만, 낡고 지저분한 공간과 어딘가 지쳐 보이는 선배들의 모습은 내가 상상하던 분위기와 달랐다. 환영받는 느낌보다는 낯선 거부감이 더 컸고, 결국 가입하지 않았다. 아쉬움이 남았지만, 돌이켜보면 그 선택 덕분에 나는 다른 길로 나아갈 기회를 발견했다. 우연히 홈페이지 제작과 웹 서버 구성에 몰두하던 내 모습을 교수님이 보시고, 학과 웹서버를 관리하는 학생 조교로 발탁된 것이다.

조교 생활은 단순한 업무를 넘어선 배움의 현장이었다. 교수님은 내가 이미 알고 있는 수업 내용을 반복하게 하지 않고, 오히려 더 깊이 탐구할 과제를 주셨다. 그 덕분에 스스로 학습하는 방법과 책임감을 배울 수 있었다. 또 학과 사무실에 있다 보니, 자연스럽게 교수님과 선배들 곁에서 지내며 '관계 속에서 배우는 힘'을 체감했다. 이때부터 "스스로 길을 만들어 가면, 누군가는 반드시 지켜보고 기회를 준다"는 것을 알게 되었다.

군 입대 전, 나는 아르바이트를 통해 또 다른 배움을 얻었다. 몸이 약한 편이어서 육체노동은 힘들었지만, PC방에서 서비스를 하면서 전공 지식을 활용해 컴퓨터를 수리하고 문제를 해결하는 과정은 즐거움이자 자신감이 되었다. 또한 좋아하는 게임을 마음껏 즐길 수 있었던 경험은 나중에 게임 회사로 진로를 이어주는 작은 씨앗이 되었다.

제대 후 복학은 쉽지 않았다. 학교가 의과대와 통합되면서 행정적인 문제가 많아 학생들은 혼란에 빠졌다. 나 역시 억울함과 불편을 겪다가 결국 학교 게시판에 장문의 글을 올려 문제를 제기했다. 근거를 모으고, 논리를 세워 잘못된 점을 지적하는 과정은 힘들었지만, 결국 문제는 해결됐다. 그때 나는 처음 깨달았다. "근거와 논리로 문제를 풀어가는 태도는 단순한 불만 표출이 아니라 변화를 이끌어낼 수 있는 힘"이라는 것을. 그 순간이 내 진로에도 영향을 주었다고 믿는다.

물론 그 과정에서 눈총을 받기도 했고, 편견 속에서 쉽지 않은 시간을 보내야 했다. 하지만 오히려 그 시선은 내게 도전이 되었다. 지도교수님의 권유로 학회장을 맡고, 과대표와 총대의원회 상임위원까지 겸하며 크고 작은 책임을 지게 되었다. 처음에는 버거웠지만, 리더십과 커뮤니케이션 관련 책을 닥치는 대로 읽으며 방법을 찾아갔다. 그 과정에서 깨달은 것은, 리더십은 타고나는 것이 아니라 배우고 훈련할 수 있는 능력이라는 사실이었다.

돌이켜보면, 대학 시절 나는 호기심이 많고 사람을 좋아하며, 책임을 두려워하지 않는 성향을 지니고 있었다. 동시에 체력의 부족함, 갈등을 조율하는 미숙함, 때로는 무모할 정도의 자신감 등 한계도 분명했다. 그러나 이 모든 경험은 자신을 알아가는 과정이었고, 내가 앞으로 나아갈 길을 만들어가는 토대가 되었다.

　작은 도전을 통해 얻은 가장 중요한 교훈은, 완벽한 선택이 중요한 것이 아니라, 흔들림 속에서 자기만의 길을 만들어가는 것이라는 사실이다. 실패와 좌절, 예상치 못한 어려움 속에서도 포기하지 않고 자신을 관찰하며 배우는 사람만이 점점 더 단단해질 수 있다.

　대학이라는 울타리는 결국 더 넓은 사회로 나가기 전의 연습장이었다. 그곳에서 했던 작은 도전 하나하나는 내 인생을 준비시켜 준, 사소하지만 중요한 디딤돌이었다.

　"작은 도전을 두려워하지 마라. 그 속에서 자신만의 장점과 한계를 발견하고, 배움과 성장의 기회를 붙잡아라. 경험을 통해 스스로 길을 만들어 가는 연습이 바로 미래의 선택을 견고하게 만들어 준다."

인간관계에서 배우는 경계와 소통

　오늘날 SNS와 다양한 매체 기술로 인해 가상의 세계와 현실의 경계는 점점 흐려지고 있다. 이러한 기술들은 우리를 외부 세계와 손쉽게 연결될 수 있게 해 주고, 직접 만나 상호작용하지 않아도 새로운 경험과 편리함을 제공한다. 그 결과 사람들은 실제로 느끼고 쌓아가는 관계보다, 가상 공간 속 이미지에 담긴 경험에 더 의존하게 된다. 관계의 기준이 불확실해지면서 우리는 인간관계를 평가하거나 상대와의 경계를 설정하는 일에 혼란을 겪는다.

　이런 상황은 대학 시절에도 비슷하게 느껴진다. 대학은 단순히 학문을 배우는 공간이 아니라, 사회적 관계를 처음 본격적으로 마주하는 무대다. 강의실에서는 지식을 배우지만, 조별 과제와 동아리 활동 속에서는 관계의 무게를 배운다. 서로 다른 배경과 성향을 지닌 사람들이 함께하다 보면 갈등이 생기기 마련이다. 그 속에서 나는 어디까지 양보해야 하고, 어디부터는 지켜야 하는지를 고민하며 '경계'라는 개념을 체감한다. 동시에, 갈등을 풀어내는 방법은 대화와 이해에서 비롯된다는 사실, 즉 '소통'의 가치를 깨닫게 된다.

　대학교 생활에서 누구나 한 번쯤은 경험하는 것이 조별 과제다. 문제는 늘 같다. 열심히 하는 사람은 몇 안 되고, 참여하지 않는 사람도 꼭 있다. 회의에 얼굴조차 비추지 않는 경우도 흔했고, 이유를 대는 사람은 그나마 성의 있는 편이었다. 나에게는 과제가 절실했지만, 누군가에게는 단순한 귀찮음에 불과했다. 교수님이 모를 리 없지만, 문제는 결국 조별 과제 안에서 우리가 스스로 풀어야 할 숙제다.

처음엔 답답했다. 나는 늘 최선을 다했고, 함께하는 과정 자체도 즐거웠지만, 한 번은 조원이 "참여하지 않는 사람이 있는데 왜 나까지 이역할을 맡아야 하냐"고 터뜨린 적이 있었다. 그 순간 선택을 해야 했다. 모두의 부담을 줄이기 위해 혼자 떠안을 수도 있었지만, 그것이 옳은 해결책은 아니었다. 결국 내가 택한 방법은 발표 자료에서 참여하지 않은 사람의 이름을 소개하지 않는 것이었다. 완벽한 해결책은 아니었지만, "참여하지 않으면 자연스럽게 결과에서도 배제된다"는 소심한 메시지를 남기고 싶었던 것이다. 표현을 통해 최소한의 경계선을 그어둔 셈이었다.

반대로, 마음이 맞는 사람들과 함께하는 협업은 완전히 다른 경험이었다. 의견이 모이고, 책임이 분담되며, 서로의 장점을 인정할 때 결과는 훨씬 뛰어났다. 실제로 나는 뜻이 맞는 친구들과 조별 과제를 진행하다가 학과 최초로 소프트웨어를 등록하고 상표권 출원을 하는 성과를 거두기도 했다. 학교 최초라는 말도 들려왔다. 혼자였다면 불가능했을 일이었다. 그때 나는 깨달았다. "사람을 잘 만나는 것도 운이고, 운도 능력이다. 관계 속에서 만들어지는 시너지는 혼자의 노력으로는 대체할 수 없다."는 것을.

관계의 어려움은 선후배 사이에서도 나타났다. 군대를 다녀온 뒤 복학했을 때, 학교가 통합되면서 학번이 새롭게 부여되었다. 학번 자리수가 달랐기에 단순한 행정 절차라고 생각했는데, 예상치 못한 문제가 터졌다. 기존 4학년 학생들이 "후배들이 선배 대접을 하지 않는다"며 불만을 표출하기 시작한 것이다.

처음엔 나와 함께 같은 학년으로 복학한 학생들이 대다수라 대수롭지 않게 넘겼지만, 교수님들까지 은근히 4학년 편을 들자 상황은 점점 복잡해졌다. 솔직히 어이가 없었다. 아무리 양보해서 선배라고 본다 해도, 선배다운 행동을 보여야 하지 않나. 1년 동안 가만히 있다가 졸업할 때가 되어 단순히 학번 숫자가 빠르다는 이유만으로 존중을 강요하는 건 납득하기 어려웠다. 나는 학회장으로서 선택해야 했다. 논리대로 싸울 수도 있었지만, 그보다 중요한 건 앞으로의 학교 생활과 후배들의 위치였다. 결국 나는 타협점을 찾았다. "진짜 선배라면 강요하지 않아도 후배가 존경하게 된다. 억지로 서열을 세우는 건 서로에게 독이 된다." 이 원칙을 지켜내며, 강한 마찰 대신 자연스럽게 거리를 두고 서로를 터치하지 않는 방식으로 관계를 정리했다.

돌이켜보면, 그때 내가 버틸 수 있었던 건 내 곁에 뜻을 같이하는 친구들이 있었기 때문이다. 나를 믿고 지지해 주는 사람들이 최소한 절반은 있었기에, 나는 혼자가 아니었고 더 단단하게 설 수 있었다.

이 경험들을 통해 나는 인간관계에서 중요한 두 가지를 배웠다.

첫째, 경계는 분명히 해야 한다는 것이다. 같은 팀이라 해도, 같은 학교라 해도, 내 노력을 존중하지 않는 관계에 끌려가서는 안 된다. 경계는 벽이 아니라, 건강하게 관계를 유지하기 위한 최소한의 선이다.

둘째, 소통은 선택의 기준이 된다는 것이다. 마음이 맞고 함께 성장할 수 있다고 느껴지는 사람과는 적극적으로 협력해야 한다. 진정한 관계는 서열이나 강요에서 나오지 않고, 소통이 통하는 사람들 속에서 자라난다.

그리고 이런 경계와 소통은 단지 조별 과제와 같은 특정 상황에서만 필요한 것이 아니다. 우리의 일상 속에서도 늘 존재하는 주제다. 불합리한 대우를 받았을 때 누군가는 소극적으로 참아내고, 누군가는 적극적으로 맞서 싸운다. 또 어떤 이는 상황과 상대를 보고 태도를 달리한다. 중요한 것은 감정에 휘둘려 경계를 무너뜨리거나, 법과 상식을 벗어난 방식으로 대응하지 않는 것이다. 법과 도리라는 울타리 안에서 스스로를 지키면서도, 필요한 순간에는 단호히 표현하는 것이 건강한 관계를 지켜내는 방법이다.

"모든 관계가 소중한 건 아니다. 경계를 세워야 할 사람과 끝까지 함께해야 할 사람을 구분하는 눈을 길러야 한다. 그리고 소통을 통해 서로의 가능성을 확장시켜 줄 수 있는 사람을 만나야 한다. 결국 우리의 선택이 우리가 어떤 관계 속에서 성장할지를 결정한다."

실패와 성공, 배움의 연습

　인생은 끊임없는 선택의 연속이다. 전공을 고르는 순간에도, 첫 직장을 결정할 때에도 우리는 늘 중요한 갈림길 앞에 서 있다. 그러나 그 선택이 언제나 성공으로 이어지는 것은 아니다. 때로는 실패하고, 다시 돌아가야 할 때도 있다. 그렇다고 해서 그 시간이 헛된 것은 아니다. 실패는 단순한 좌절이 아니라, 자신에게 맞는 길을 찾아가는 배움이 되기 때문이다.

　대학에서 전공을 정한다고 해서 곧바로 직업까지 결정되는 것은 아니다. 같은 전공을 선택하더라도 갈 수 있는 길은 다양하다. 경영학을 전공했다고 해서 모두가 회계사가 되는 것은 아니다. 어떤 이는 인사·총무로, 또 다른 이는 마케팅이나 컨설팅으로 진로를 넓혀 간다. 심리학을 전공해도 상담사나 HR 전문가로 나아갈 수 있듯, 전공은 단지 큰 방향을 알려줄 뿐이다. 결국 그 안에서 어떻게 세부 직업을 선택하고, 어떤 경험을 쌓느냐에 따라 인생의 진로가 결정된다는 점이다.

　나는 컴퓨터공학을 전공으로 선택했고, 일반적으로 가장 흔하고 안정적으로 보이는 길인 개발자를 선택하려 했다. 그러나 곧 현실의 벽에 부딪혔다. 프로그래밍 과목에서 항상 1등을 하지 못했던 것이다. 특별히 뛰어난 친구와 비교된 것이 아니라, 내 안의 한계가 분명히 드러난 순간이었다. 우물 안에서도 최고가 되지 못하는데, 사회라는 더 큰 무대에서 과연 살아남을 수 있을까 하는 의문이 날 괴롭혔다. 무엇보다 개발 자체가 내 적성과 맞지 않았다. 당시에는 영어에 취약하다 보니 프로그래밍 언어를 대하는 것 자체도 고통스러웠다.

다행히 다른 전공 과목에서는 자신감을 얻을 수 있었다. 그러나 그 시절만 해도 컴퓨터공학 전공자의 대부분에게는 개발자가 되는 것 외에 뚜렷한 선택지가 없었다. 결국 중견 게임 회사 개발자로 합격까지 했지만, 가지 않았다. 개발자로 일을 시작하면 앞으로의 직업이 정해질 것 같았다. 그리고 영어를 극복해 보겠다는 명분으로 짧은 어학연수를 떠났지만, 솔직히 말하면 개발자로 일을 시작하기 싫었고, 조금 더 자유로운 생활을 즐기고 싶은 마음이 더 컸다.

어학연수에서 돌아온 뒤에는 꼼꼼한 성격을 살려 DBA(DataBase Administrator)를 꿈꿨다. 하지만 현실은 잔혹했다. 채용 규모는 극히 적었고, 직업 특성상 신입은 철저히 배제됐다. 또다시 좌절이었다.

그런데 뜻밖의 기회는 전혀 다른 곳에서 찾아왔다. 졸업식을 가지 못하고 어학연수를 다녀왔기에, 학교에 근무하는 친구에게 졸업장을 받으러 들렀다가 교수님의 추천으로 연구소에 들어가게 된 것이다. 처음에는 무슨 일을 하는지도 모를 정도로 다양한 업무를 맡았지만, 시간이 흐르면서 자연스럽게 데이터와 알고리즘을 다루는 일이 중심이 되었다. 당시만 해도 '데이터 분석가'라는 직업명조차 생소했지만, 흐름은 이미 그쪽으로 흘러가고 있었다.

2000년대 초반, 사람들은 여전히 '통계'라는 말에 더 익숙했지만, 2010년 전후로 하드웨어의 발전과 하둡(Hadoop) 같은 기술의 등장은 판도를 바꿨다. 데이터 분석가와 데이터 과학자라는 새로운 직업군이 등장하고, 기업들이 데이터 기반 의사결정을 본격적으로 도입하기 시작했다. 나는 마침 그 과도기에 연구소에서 이미 데이터를 분석하고 알고리즘을 개발하고 있었다. 연구소장님의 배려로 나는 이 분야를 좀더 알아가고자 대학원을 겸하게 되었다. 2년간 열흘 남짓한 휴식뿐이었지만, 일과 공부를 병행하며 쌓아 올린 시간 속에서 많은 지식을 얻어 20편의 논문과 여러 특허를 남기며 배우고 성장할 수 있었다.

그리고 때마침 글로벌 IT기업들이 데이터 사이언스를 앞다투어 강조하던 시기, 학교 재단이 통합되면서 연구소도 통합되어 또 하나의 변곡점이 찾아왔다. 나는 연구소에서 쌓은 경험을 무기로 학계를 떠나 산업계로 나아갔다. 게임 회사 데이터 분석가로 지원했고, 결과는 성공이었다. 산업 현장은 치열했지만, 선택은 옳았다. 이후 클라우드, 시각화 도구, 오픈소스의 확산으로 데이터 활용은 산업 전반에 뿌리내렸고, 덕분에 당시에는 기업에서 많은 제안을 받아 선택할 수 있었다.

돌이켜보면, 개발자도 실패였고 DBA도 실패였다. 우리는 실패를 하면서도 배운다. 테슬라 CEO 일론 머스크도 로켓을 계속해서 쏘는 이유다. 그 모든 실패가 없었다면 지금의 길도 없었을 것이다.

데이터 분석은 내 적성과 강점을 가장 잘 살릴 수 있는 자리였다. 꼼꼼하고 탐구적인 성격, 시각화 감각, 그리고 남들이 보지 못한 흐름을 찾아내는 통찰력이 나를 단단하게 만들었다.

선택은 늘 완벽할 수 없다. 오히려 실패와 방황 속에서 자신에게 맞는 길이 드러난다. 중요한 것은 '한 번의 선택으로 모든 것을 정해야 한다'는 압박에서 벗어나는 것이다. 전공 안에서도, 직업 안에서도 수많은 작은 선택이 이어지며, 그 과정에서 비로소 자신을 알아간다. 그러니 실패를 두려워하지 말자. 배움은 연습이다. 그 연습이 쌓일수록, 결국은 자신만의 길이 만들어진다.

2장

*

선택의 시작과 현실

내 직업은 언제부터 결정되고 있었을까

직업을 얻기까지의 성장 과정은 단순한 시간의 흐름이 아니다. 돌이켜보면, 삶의 방향성을 결정짓는 결정적 순간들이 있다. 그중 하나가 바로 고등학교 진학이다.

초등학교와 중학교는 대부분 거주지에 따라 자동으로 배정되기 때문에, 개인의 의사나 진로 성향이 크게 반영되기 어렵다. 하지만 고등학교 진학부터는 다르다. 이 시점에서부터 선택을 해야 한다. 특성화고와 일반고 혹은 예체능계 등 다양한 분기점이 존재한다. 문제는 아직 그 선택의 의미와 결과를 충분히 이해하기 어려운 나이에, 인생의 첫 갈림길에 서게 된다는 점이다.

이 시기의 선택은 나 자신보다 부모의 영향력이 더 크게 작용한다. 부모는 자녀가 보다 나은 삶을 살기 바라는 마음으로, 아이가 잘하는 것을 찾고 좋아하는 것을 체험하게 하려 한다. 다양한 교육 프로그램과 체험활동을 제공하며 가능성을 탐색한다.

하지만 실제로는 '좋아하는 것'보다 '잘하는 것'에 더 집중하게 된다. 그리고 '잘하는 것' 중에서도 결국은 '직업이 될 수 있는가', '돈이 되는가', '안정적인가'라는 기준이 우선시된다.

이런 과정에서, '좋아하는 것'은 나중에 취미로 하면 된다는 결론에 도달하게 된다. 일단 '잘하는 것'과 '돈이 되는 것'으로 안정적인 직업을 얻고, 그 후에야 비로소 여유가 생기면 하고 싶은 일을 하라고 말할 수 있다. 많은 이들이 이런 방식으로 진로를 결정짓고, 현실적인 선택 안에서 만족할 수밖에 없는 삶을 살아간다.

나 또한 그런 선택을 했다. 나는 인문계 고등학교로 진학했다. 당시에는 그 선택이 내 인생에 어떤 영향을 미칠지 전혀 예상하지 못했다. 막연하게 '공부 좀 더 해보자', '조금만 노력하면 되겠지'라는 안이한 판단이었다. 현실은 예상보다 냉정했다. 입학 직후 받은 1학년 1학기 성적은 하위권이었다. 충격을 받았고, 마음을 다잡고 도전했다. 그 결과 다음 학기에는 중위권으로 성적이 올라갔다. 하지만 이미 과목별 격차는 심하게 벌어진 상태였다. 수학, 과학 등 주요 과목은 따라잡기가 힘들었다.

노력을 해도 더 이상 올라갈 수 없는 벽에 부딪히는 느낌이었다. 점점 마음속엔 자책보다 체념이 들어찼다. '내가 해도 안 되는 거 아닐까?' 그리고 그런 생각을 굳히게 만든 건 학교 안의 분위기였다.

특정 선생님들은 상위권 학생들에게만 관심을 보였다. 말도 잘 붙이고, 칭찬도 자주 했다. 반면 중하위권 학생에게는 무관심하거나, 혹은 징벌적인 방식으로 지도했다. 나는 그런 환경이 싫었다. 공부가 싫어진 게 아니라, 공부를 둘러싼 시스템이 나를 배제하는 방식이 싫었다. 나는 잘못한 것이 없는데도 체벌을 받기도 했다. 시험 성적이 일정 기준 이하일 경우 벌을 서게 하거나, 심지어 시험 점수를 공개하고 순위를 매기는 방식도 존재했다. 이런 방식은 학생에게 동기부여가 아닌 위축과 포기의 감정을 남긴다.

특히 잘 따라가지 못하는 학생에게 '두려움'을 주는 방식은 오히려 역효과를 낳는다. 공부는 흥미로 시작되어야 하고, 포기는 마지막 수단이어야 한다. 하지만 당시의 나는, 그리고 많은 또래들은 그 과정을 거꾸로 배웠다.

그래서 나는 무언가를 도움 줄 수 있는 위치에 있게 되자, 노력은 많이 하지만 성적이 부족한 학생들에게 더 관심이 갔다. 이후 연구소에서 일하며 여러 학생 연구원들을 마주했는데, 대부분은 중상위권 이상의 실력을 갖춘 학생들이었다. 나는 '중간에 머물러 있는 학생들'에게 시선이 갔다. 그들은 충분한 가능성과 열정을 지녔지만, 어디서부터 어떻게 시작해야 할지 몰라 되풀이되는 학습으로 성장이 잠시 멈춰 있는 경우가 많았다.

그들에게 일률적인 기준이나 조언을 주는 대신, 개별적으로 분석해 좀 더 공부에 흥미를 느끼도록 공부 방법과 태도를 집중적으로 알려줬다.

'네가 어떤 방식으로 공부하면 더 잘할 수 있을까?', '이 과목을 왜 어려워할까?', '어떤 방식으로 설명하면 쉽게 이해할 수 있을까?'

나는 교사는 아니었지만, 학창 시절 나에게 없었던 '맞춤형 지도'를 그들에게 해주고 싶었다. 그 결과, 그들은 상위권으로 올라갈 수 있었다. 나는 그들에게 1등을 만들어주지는 않았다. 그것은 현재 1등에게 너무 가혹하기도 하고, 결국 최후의 쟁취는 본인이 만들어야 한다고 생각했기 때문이다.

진로는 '타이밍'과 '환경'이 만든다. 지금 돌아보면, 진로의 씨앗은 고등학교 선택 즈음에 이미 심어졌다고 생각한다. 하지만 그 씨앗이 잘 자랄 수 있을지는 환경과 타이밍에 달려 있다. 당시 내가 충분한 정보와 존중받는 환경에서 진로를 결정했다면, 아마 다른 길을 걸었을지도 모른다.

그리고 중요한 건, 지금도 여전히 많은 청소년이 과거의 나처럼 '소외된 방식'으로 교육받고 있다는 사실이다. 어쩌면 우리는 '잘하는 아이'보다, '잘할 수 있게 만들어주는 어른'이 더 필요한 시대를 살고 있는지도 모른다.

조급한 직업 선택이 평생을 흔든다

취업 시장은 냉혹하다. 특히 졸업을 앞둔 시기, 몇 개월 내로 합격이라는 결과를 내야 하는 시기에는 마음이 급해진다. 졸업과 함께 보호막 같던 학생 신분이 사라지고, 취준생이라는 사회에 주눅 든 신분으로 바뀐다. 주변 친구들이 하나둘 합격 소식을 전하고, SNS에는 '첫 출근 인증샷'이 올라오면 괜히 뒤처지는 느낌마저 들기도 한다.

취업이 늦어질수록 불안은 눈덩이처럼 커진다. 아무리 준비를 했더라도 합격 소식이 없으면 자신감은 쉽게 흔들리고, 선택의 기준마저 흐려진다. '이 직무가 나와 맞는가?', '이 일이 내가 원하는 삶을 만들어줄 수 있는가?' 같은 근본적인 질문보다, 일단 어디든 붙는 곳에 가야 한다는 압박감이 앞선다.

주변의 시선과 사회적 기준이 등을 떠미는 것처럼 느껴지면서, 스스로를 의심하게 된다. "내가 부족해서 늦는 건 아닐까?", "다른 사람들은 다 앞서 나가는데 나는 왜 이렇게 늦는 걸까?" 같은 생각이 꼬리를 물며 불안과 조급함은 점점 커진다. 결국 마음이 급해지면 판단력은 흐려지고, 단기적인 안정이나 체면을 위해 장기적인 커리어 방향을 충분히 고민하지 못한 채 선택을 하게 되는 경우가 많다.

그렇게 시작한 직업은 단순히 '합격'으로 끝나지 않는다. 오히려 그때부터가 시작이다. 출근 첫날의 설렘은 곧 현실적인 업무, 관계, 조직 문화, 적성의 문제로 바뀐다. 자신과 맞지 않는 업무나 환경에서는 직장에서 오래 버티기 어렵고, 그로 인한 반복적인 퇴사와 이직은 커리어의 불안정성으로 이어진다. 즉, 단기적인 선택이 오히려 장기적인 방향을 그르칠 수 있다는 뜻이다.

현장에서 종종 마주치는 풍경이 있다. '일단 들어가서 보자'며 아무 기업이나 지원하는 사람, 면접 때는 적극성을 강조했지만 몇 달 지나기도 전에 자리를 떠나는 사람, 혹은 억지로 버티며 자신을 갉아먹는 사람. 문제는 실무에 들어가야 비로소 보이는 현실이 '막상 해보니 너무 다르다'는 점이다. 기업 입장에서도 사람을 뽑는 데 시간과 비용이 들고, 지원자 입장에서도 인생의 중요한 시간을 그만큼 잃는다. 그 누구에게도 이득은 없다.

일을 그만두는 가장 흔한 이유 중 하나는 '안 맞는다'는 느낌이다. 그렇다면 이 '안 맞는다'는 이유는 단지 회사 때문일까, 아니면 내가 처음부터 '무엇이 나에게 맞는지' 충분히 알지 못한 상태에서 선택했기 때문일까? 자신의 성향, 적성, 가치관, 일에서 기대하는 감정적 보상 등을 조금만 더 들여다보았다면, '급하게 선택한 결정'보다 '현명하게 판단한 선택'을 할 수 있었을지도 모른다. 선택으로 실패를 경험할 수는 있지만, 원하지 않는 선택으로 겪는 실패는 단순한 낭비일 뿐 의미가 없다. 중요한 것은, 더 나은 성장을 위해 현명하게 판단하고 선택하는 것이다.

먼저 "내가 직장을 고른 기준은 무엇인가?"라고 스스로에게 물어보자. 그다음, 이 회사의 문화가 나와 잘 맞을지, 그리고 맡게 될 업무를 잘 소화할 수 있을지 깊이 생각해보자.

많은 사람들은 급여, 직무 타이틀, 회사의 이름값만 보고 결정을 내린다. 물론 그럴 수밖에 없다. 삶의 현실은 녹록지 않고, 스펙 경쟁은 치열하며, 빨리 자리를 잡아야 한다는 압박도 크다. 그러나 그런 선택은 마치 눈을 감고 무작위로 항공권을 구매하는 것과 같다. 목적지도 모르고, 날씨도 모르며, 나는 해변을 좋아하는데 눈 덮인 산속으로 가게 되는 것처럼 엇갈릴 수 있다.

"직업은 나를 설명하는 또 다른 언어다." 무슨 일을 하느냐는 단지 급여를 받기 위한 수단이 아니라, 어떤 방식으로 세상과 연결되어 있는지를 보여주는 지표이기도 하다. 내가 누구인지, 무엇을 중요하게 여기는지, 어떤 삶을 원하는지에 따라 직업은 선택되어야 한다.

그럼에도 많은 사람들은 직업을 '생존 수단'으로 생각하며 접근한다. 물론 당장의 생계가 중요한 시기도 있다. 단기 알바나 생계형 취업을 비난할 수는 없다. 다만, '생존을 위한 수단'이 어느 순간 '내가 살아가는 방식'으로 굳어져 버리면, 나중에는 방향을 틀기도 어렵다. 수년이 지나고 나서야 뒤늦게 말한다. "그때 왜 이 길을 택했는지 모르겠다"고.

나에게 어떤 친구가 "요즘은 직무든 회사든 뭘 해도 결국 다 비슷비슷하다"며 포기하듯 말한 적이 있다. 그는 몇 차례 이직을 거쳤지만 매번 적응에 실패하고, 자신이 문제인지 회사가 문제인지 혼란스러워하고 있었다. 하지만 조금 더 들여다보니, 그는 한 번도 스스로에게 질문해

본 적이 없었다.

"나는 어떤 환경에서 일을 하길 원하는가?", "나는 어떤 업무를 할 때 덜 지치고 더 몰입할 수 있는가?" 이런 자기 성찰 없는 선택은 반복적인 실패를 낳기 쉽다.

우리는 어릴 적부터 '좋은 직업'을 가지라고 배워왔다. 그러나 '좋은 직업'이란 단지 사회적 평판이나 연봉이 아니라, '나에게 맞는 직업'이다. 내가 덜 지치고 더 오래 버틸 수 있는 곳, 실수해도 다시 일어설 수 있고, 실패해도 괜찮다고 여겨지는 곳. 그런 직업은 한순간에 선택되지 않는다. 오히려 천천히 탐색하고, 실패하고, 돌아보는 과정을 거쳐야 만들어진다.

물론 '정답'을 찾는 것은 어렵다. 하지만 '최악의 오답'을 피하는 것은 가능하다. 그 시작이 바로, 급하게 움직이지 않는 것이다.

직업은 단거리 경주가 아니다. 인생 전체를 함께할지도 모르는 선택이다. 마음이 급하다고, 잠시 불안하다고, 나 자신을 모른 채 고르는 직업은 결국 내 삶을 흔드는 불안의 시작이 될 수 있다.

책을 읽고, 사람을 만나고, 스스로를 들여다보며 천천히 자신을 알아가라. 그것이 결국 시간을 아끼는 가장 빠른 길이다. 혼자 여행을 떠나도 좋고, 현장에서 새로운 경험을 짧게라도 시도해 보는 것도 좋다. 마치 가난할수록 책을 읽고 친구를 만나야 하는 것처럼, 익숙한 일상을 거꾸로 흔들어 보라. 그러니 조급해하지 말고, 잠시 멈추어도 괜찮다. 그 과정이야말로 후회 없는 직업을 만나는 가장 현실적인 방법이다.

일과 성격의 궁합

번아웃과 휴식 없는 반복된 일상에서 벗어나고 싶다면, 단순히 능력이나 조건만 따지기보다는 '나의 성격'과 얼마나 잘 맞는 일을 하고 있는지를 먼저 돌아봐야 한다. 아무리 높은 연봉과 안정된 직장이 주어져도, 성격에 맞지 않는 일은 결국 거부감을 느껴 나를 소모시키고 지치게 만든다. 일에 몰입하는 성향인지, 여유와 균형이 필요한 성향인지, 결과 중심인지 과정 중심인지에 따라 일과의 궁합은 완전히 달라진다.

적성과 능력만으로는 충분하지 않다. 자신이 지닌 성격과 감정의 흐름, 스트레스에 대한 반응까지 고려할 때, 비로소 건강하게 오래 일할 수 있는 기반이 마련된다. 그래서 '나에게 맞는 직업 선택'은 단순한 커리어 전략이 아니라, 삶의 질을 좌우하는 가장 중요한 선택이 된다.

많은 사람들이 일은 참고 버티고 견디는 것이라고 말하지만, 나는 다르게 생각한다. '버틴다'는 감정이 지속될 때, 결국 스스로를 잃게 된다. 오래 일할수록, 그리고 오래 살아갈수록, '나와 맞는 일'이라는 기준은 무시할 수 없는 삶의 중요한 변수로 다가온다.

나는 지난 14년간 의학 연구소, RPG와 전략 게임 회사, 소셜카지노 및 고포류 게임 회사에서 데이터 분석과 BI 업무를 담당하며 쉬지 않고 달려왔다. 세 곳의 회사를 거치는 동안 마음 편히 쉰 적은 단 한 번도 없었다. 휴가도 있었고, 해외여행도 종종 다녔지만, 항상 일과 회사가 머릿속에 남아 있었다. 직책을 맡고 있을 때는 책임감이라는 이름으로 그 부담이 더 컸고, 그것이 당연하다고 생각했다.

연휴나 휴가 중에 연락이 오면 자연스럽게 응대했고, 그로 인한 불만은 없었다. 다만 문제는 성격에 있었다. 내가 직접 처리하지 않은 업무가 남아 있거나, 맡긴 업무가 깔끔히 마무리되지 않으면 계속 신경이 쓰였다. 아무리 휴가 중이라도, 그 문제가 해결되지 않으면 내내 불편한 기분을 떨치지 못한다. 근무 시간에 해결하지 못한 일이 있으면 퇴근 후에도 일에 대한 생각이 머리를 떠나지 않았고, 샤워를 하면서도 문제 해결 방안을 떠올리곤 했다.

업무의 성격상, 수학 문제처럼 데이터 속에서 해법을 찾아 풀어야 하는 일이기에 머릿속에서 끊임없이 데이터를 계산하고 분석하게 된다. 이처럼 쉬는 동안에도 일을 완전히 내려놓지 못하는 성격이라면, 그런 특성에 맞는 직업을 선택하는 것이 중요하다. 성격에 맞지 않는 업무는 자신의 강점을 오히려 단점으로 만들기도 한다.

단순히 "일을 끝내고 퇴근하면 되는 것 아니냐"라고 생각할 수 있다. 그러나 현실은 그렇지 않다. 모든 일이 시간만 투자한다고 끝나는 것은 아니다. 아무리 오래 앉아 있어도 해결되지 않는 문제도 있고, 야근이나 밤샘 근무로도 마무리하기 어려운 일이 있다. 오히려 무리하지 않고 다음 날 맑은 정신으로 처리하는 편이 효율적일 수 있다.

또한 기한이 정해지지 않은 업무라면, 밤을 새워 일할 필요는 없다.

피로로 인해 다음 날의 생산성이 떨어진다면, 밤샘 노동은 아무 의미가 없다. 가끔은 느긋하고 걱정이 적은 성격이 부럽게 느껴진다. 그런 사람들은 다른 단점이 있을지 몰라도, 이 험한 세상에서 스트레스는 덜 받으며 살아갈 수 있을 것이다. 그들은 능력이 없어서 느긋한 것이 아니라, 자신에게 맞는 에너지 리듬을 파악하고 삶의 주도권을 잃지 않는 성격을 가졌기 때문이다.

아무리 즐겁고 잘하는 일이라도, 휴식 없이 계속하면 결국 지치게 된다. 맛있는 고기도 계속 먹으면 질리는 것과 같다. 대부분의 직장인은 최대 1~2주의 연속 휴가가 한계다. 물론 장기 근속 휴가가 있더라도 복귀를 생각하면 온전히 쉬기란 쉽지 않다. 한 달 이상 푹 쉬는 시간은 휴직이나 이직을 할 때나 가능하다. 그러나 현실은 휴직 중에도 손이나 머리가 굳을까 걱정하게 되고, 이직 과정에서는 새로운 기업 문화를 익히거나 필요한 기술을 다시 공부하느라 진정한 휴식을 누리기 어렵다. 즉, 쉼을 위한 시간조차 쉼으로 사용하지 못하는 구조 속에 우리는 살아간다.

일을 하고 있는 중에도 계속해서 능력을 발전시켜야 하는 직종이 있는가 하면, 일정 수준에 도달하면 안정된 기술만으로도 업무가 가능한 분야도 있다. 후자의 경우엔 일정 수준에 도달하면 더 이상 새로운 기술을 습득하지 않아도 된다. 반면, 기술이나 학습을 요구하지 않는 단순 작업은 스트레스는 적겠지만, 그만큼 경쟁이 치열하다. 경쟁이 치열하다는 것은 언제든 대체 가능하다는 말과 같다. 결국 생존 자체가 불안정한 셈이다.

직업에 따라 지속적인 R&D를 요구하면 그만큼 휴식은 부족해질 수 있다. 만약 이런 상황에서 성격적으로 감내하기 어렵다면, 결국 번아웃에 가까워질 수밖에 없다. 그래서 '나에게 맞는 직업'을 선택하는 것이 무엇보다 중요하다. 일이라는 건 결국 반복의 연속이며, 이 반복을 버티는 힘은 의지가 아니라, 성격에서 나온다.

쉴 때는 모든 것을 내려놓고 진정으로 쉬거나, 또는 새로운 학습을 즐길 수 있는 성격이라면 장기적으로 지속 가능한 경력을 만들 수 있다. 평소에도 걱정을 잘 하지 않는 성격이나 자기 자신을 잘 이해한 사람은 외부 변화에 흔들리지 않고 자신의 리듬을 지킨다. 반면, 자신을 모른 채 사회의 기준에 맞추기만 한다면, 결국 번아웃과 회의감에 빠질 수밖에 없다.

직업을 단순히 연봉이나 명예, 안정성만을 기준으로 판단해서는 안 된다. 직업은 생계의 수단을 넘어, 인생의 대부분을 함께하는 삶의 일부다. 결국 시간이 흐른 뒤 후회나 허무함을 느끼지 않으려면, 나와 잘 맞는 일의 방식과 감정의 소모 정도, 학습의 리듬을 제대로 이해해야 한다. 능력뿐 아니라 반드시 '성격'도 함께 고려해서 자신에게 맞는 직업을 선택해야 한다. 성격은 스펙보다 훨씬 오래간다. 결국, 스펙보다 오래 가는 건 성격, 조건보다 오래 가는 건 나와의 궁합이다. 그것이 바로 나를 지탱하는 힘이다.

현실과 능력 사이에서 선택한 길

진로를 고민할 때마다 늘 부딪히는 문제는 이상과 현실 사이의 간극이다. 마음은 하고 싶은 일을 향하지만, 능력과 환경은 언제나 제한을 둔다. 나 역시 그 갈림길에서 오래 머물렀다. 어릴 적부터 미술적 감각이 있어 그림을 그리거나 손으로 무언가를 만드는 일을 좋아했지만, 그것을 직업으로 이어가는 건 전혀 다른 문제였다. 아무리 재능이 있어도 소요 시장이 뒷받침되지 않으면, 그 가치는 쉽게 실현되지 않기 때문이다.

나는 두 목소리 사이에서 흔들렸다. 한쪽은 "좋아하는 일을 해야 한다"는 마음, 다른 한쪽은 "현실을 무시할 수 없다"는 현실적인 생각이었다. 결국 나는 후자를 선택했고, 그 결과 도전하게 된 분야가 컴퓨터공학이다. 단순히 차선책이라기보다, 내가 가진 다른 가능성을 시험해볼 수 있는 기회라고 스스로를 설득했다.

대학에서 접한 컴퓨터공학은 말 그대로 '맛보기' 수준이었다. 컴퓨터공학이라 하면 흔히들 '개발자'를 떠올리지만, 그 안에도 수많은 세부 분야와 프로그래밍 언어가 존재한다. 물론 다른 직업에도 세부 분야가 존재한다. C, Python, R, SQL 등 어떤 프로그래밍 언어를 중심으로 배워야 할지, 어느 분야에 집중할지를 빠르게 결정하는 것이 진로에 유리하다. 대학 2~3학년 무렵부터 진로를 정하고 집중해도 한 언어를 자유자재로 다루기엔 시간도, 역량도 부족하기 때문이다. 그리고 기술은 끊임없이 발전하고 있고, 배움에는 끝이 없기 때문에 배우는 속도가 발전하는 속도보다 느리면 따라갈 수 없다.

개발자가 된다는 것은 단순히 코드를 작성하는 것이 아니다. 문제를 해결하는 방식 자체를 끊임없이 풀어야 하고 새로운 기술을 익히고, 새로운 흐름을 읽어내야 한다. 무엇보다 한 가지 언어만으로는 살아남기 힘들다는 것도 금세 알게 된다.

나는 공학 중에서도 데이터 분야에 집중했다. 무에서 유를 만들어내는 창조의 과정과 이미 존재하는 수많은 데이터 속에서 인사이트를 찾아내는 탐구 과정이 흥미로웠다. 근거 기반의 분석은 마치 수사처럼 느껴졌다. 퍼즐을 맞추듯 단서를 모으고, 마침내 정확한 결과에 도달했을 때 느끼는 쾌감은 짜릿했다. 여기에 미술을 좋아했던 나로서는 시각화 감각이 더해져, 데이터를 정리하고 눈에 보이는 결과로 표현하는 작업이 더욱 흥미롭게 다가왔다.

데이터 분석은 단순한 계산이나 통계에 그치지 않는다. 의미 있는 패턴을 발견하고, 이를 통해 사람들의 행동을 예측하거나 새로운 전략을 제시해야 한다. 내가 좋아하던 탐구와 시각화, 그리고 문제 해결의 즐거움이 하나로 모인 직업이 바로 데이터 분석가였다. 이 길은 내가 가진 성향과 능력을 현실적으로 잘 활용할 수 있는 선택이었다.

하지만 그 길이 쉽지만은 않았다. 나는 '타고난 두뇌'를 가진 사람이 아니었다. 논리적 사고력이나 언어적 이해력이 부족한 편이었고, 모든 이론을 남들보다 더 오래 걸려 이해해야 했다. 어떤 사람은 한번에 이해하는 내용을 다섯 번, 열 번 곱씹어야 했다. 처음에는 억울하기도 했지만, 곧 인정하게 되었다. 나는 단지 더 많은 시간이 필요한 사람이라는 것을.

어느 직업이든 배움은 끝이 없고, 변화의 속도는 생각보다 훨씬 빠르다. 회계사 준비를 하는 사람도 수많은 규정과 법 조항을 반복해 외워야 하고, 간호사도 새로운 의료 지침과 장비 사용법을 꾸준히 익혀야 한다. 교사 역시 끊임없이 바뀌는 교육과정과 학생들의 요구에 발맞추어야 한다. IT 분야도 비슷하다.

마치 신기술이 자리 잡기 전의 혼란처럼, 정착되지 못하고 한참 발전하는 시기의 분야는 특히 더 그렇다. 과거 데이터 분석은 '적재의 한계'라는 기술적 장벽에 막혀 있던 분야였다. 데이터를 수집하고 저장하는 일조차도 쉬운 일이 아니었다. 하지만 하드웨어 기술의 발전과 클라우드 인프라의 보급으로 이 장벽은 허물어졌다. AWS의 Redshift, Google의 BigQuery 같은 클라우드 데이터 웨어하우스는 대규모 데이터를 빠르고 효율적으로 처리할 수 있도록 해주었다.

예전에는 프로그래밍 언어 SQL 하나만 잘 다뤄도 분석 업무를 수행할 수 있었다. 하지만 지금은 언어의 종류도 다양해졌고, 사용하는 플랫폼에 따라 문법이나 함수 지원 여부가 달라진다. 프로그래밍 언어는 환경마다 특성이 다르고, Python, R 같은 분석 언어도 함께 익혀야 한다. 더 나아가 Tableau, Power BI, Looker와 같은 시각화 툴까지 다룰

줄 알아야 한다. 결국 데이터 분석이란 기술 스택의 조합도 필요하고, 끝없이 쌓아야 하는 경험의 집합체다.

기술이 바뀌면 툴도 바뀐다. 언어가 버전업 되면 함수가 달라지고, 문법이 변경된다. 클라우드 플랫폼은 확장성과 편의성 면에서 점점 진화하고 있고, 이제는 AI 모델까지도 데이터 분석의 영역으로 들어오고 있다. 배움에는 끝이 없다. 이를 좋아하지 않으면 견디기 어렵고, 좋아하더라도 어느 순간 지치기 마련이다.

그렇기에 자신의 학습 속도와 이해 능력, 감당할 수 있는 변화의 속도를 현실적으로 판단해야 한다. 새로운 지식을 받아들이는 것이 어렵거나, 한 가지 기술을 오랫동안 다루는 것을 선호한다면, 너무 빠르게 변화하는 업계보다는 일정 수준에서 안정된 분야를 선택하는 것이 더 적합할 수 있다.

나는 미술을 포기하고 컴퓨터공학을 선택했다. 현실을 고려한 결정이다. 그리고 그 선택 안에서 내가 가진 장점인 탐구적 성향, 시각적 감각, 문제 해결에 대한 흥미를 살릴 수 있는 분야를 찾은 것이다. 데이터 분석이라는 직업은 내게 최선의 선택이다.

물론 언어적 능력이 부족하다는 것은 여전히 존재한다. 새로운 언어를 익히는 데 오래 걸리고, 복잡한 이론을 이해하는 데도 시간이 걸린다. 하지만 언어는 한 번 제대로 익히면 쉽게 잊혀지지 않는다. 반복과 노력으로 극복할 수 있다는 믿음이 있었고, 실제로 어느 정도는 가능하다. 다만, 노력의 시간이 줄어들거나, 집중력이 흐트러지는 순간, 타고난 두뇌를 가진 경쟁자들에게 밀리게 된다는 사실도 인정해야 한다.

기술의 발전은 멈추지 않는다. 하둡 기반의 시스템도 여전히 존재하지만, 많은 기업들이 클라우드 기반의 환경으로 빠르게 전환하고 있다. 데이터가 사용되는 영역도 넓어지고 있다. 마케팅, 정책, 스포츠, 심리, 의료, 교육, 환경 등 거의 모든 분야가 데이터를 기반으로 사고하고 판단하는 시대다. AI는 이제 데이터 기반 사고의 결정체처럼 느껴진다.

막 성장 궤도에 오른 분야는 아직 정착하지 못했기에 변화가 거세다, 단순히 전문성이 아닌 지속 가능한 자기관리 능력을 요구한다. 그래서 좋아하는 일을 선택했다면, 그 일을 '지속 가능하게 유지하는 전략'도 함께 고민해야 한다. 중요한 건, 어떤 선택을 했는가 보다, 그 선택을 어떻게 자신의 것으로 만들어 가는 가다. 그리고 그 과정은 타고난 재능이 아니라, 결국 '지속 가능한 노력'으로 완성된다. 비록 꿈꾸었던 길을 가지 못했더라도 내 가치는 그대로인 것이다.

나에게 맞는 무대를 고르다

살다 보면 누구나 무대에 설 기회를 맞이한다. 어떤 무대는 인간관계 속에서, 또 어떤 무대는 취미나 작은 모임, 혹은 삶의 중요한 선택 앞에서 주어진다. 하지만 중요한 것은 단순히 무대에 오르는 일이 아니다. 내가 어떤 무대에 서야 가장 나답게 빛날 수 있을지, 그 무대가 내 삶과 성향에 맞는지를 스스로 선택해야 한다는 점이다.

많은 사람들이 무대에서 실패를 경험한다. 열심히 노력했음에도 불구하고, 정작 그 무대가 자신과 맞지 않아 제 실력을 발휘하지 못하는 경우가 많다. 마치 발레 무대에 서야 할 사람이 복싱 링 위에 오른 것과 같다. 노력과 땀이 잘못된 환경에 쏟아지면, 성과가 나오지 않는 것은 당연하다. 그래서 중요한 것은 '노력'만이 아니라, 그 노력이 꽃필 수 있는 '적절한 무대'를 고르는 일이다.

나는 데이터 분석의 길을 걷기로 결심했을 때, 또 하나의 중요한 갈림길 앞에 서게 되었다. 바로 학계의 길을 선택할 것인가, 산업의 길을 선택할 것인가 하는 문제였다. 어떤 무대가 나에게 더 맞는 무대일지 고민했다.

데이터 분석이라는 분야는 한참 발전하고 있는 분야이므로, 그 자체로는 연구와 실무 모두가 필요한 기술이다. 대학이나 연구기관에서 이론과 알고리즘을 연구하는 학문적 길을 갈 수도 있고, 기업이나 산업 현장에서 데이터를 기반으로 실질적인 의사결정을 돕는 실무자의 길을 택할 수도 있다. 처음에는 학계의 길을 선택했다가 산업의 길로 돌아섰다. 단순히 실무가 더 잘 맞아서가 아니라, 현실적인 제약이 나의 선택에 큰 영향을 주었기 때문이었다.

나는 어린 시절 폐결핵을 앓았고, 그로 인해 폐의 일부가 심각하게 손상되었다. 당시엔 전혀 몰랐지만, 군 복무를 위한 신체검사를 받을 때 처음으로 그 사실을 의학적으로 확인 받았다. 폐는 한 번 손상되면 다시 회복되지 않는다. 일상생활을 하는 데 큰 지장은 없지만, 달리기를 하거나 오랜 시간 말해야 하는 상황에서는 금세 숨이 차고 피로감이 몰려왔다.

이러한 신체적 제약은 학계에서 연구 결과를 발표하거나 컨퍼런스에 참여하고, 교육자의 길을 걷는 데 분명한 한계로 작용했다. 학계의 길이란 단순히 지식을 알고 있는 것을 넘어서, 그 지식을 말로 전하고, 질문에 답하며, 강의실에서 에너지를 유지하며 긴 시간 집중해야 하는 일이다. 강단에 서서 몇 시간씩 강의해야 하는 현실은, 내 몸으로는 감당이 어렵다는 것을 인정할 수밖에 없었다.

처음에는 신체적 제약이 업무에 직접적으로 영향이 있을 거라 생각하지 못했다. 그러나 첫 직장에서 그 한계를 실감하게 되었다. 첫 직장인 의학 연구소에서 의료 데이터를 기반으로 분석하고 논문을 작성하며, 세미나나 특강을 맡는 일이 잦았다. 당시 나는 학생 연구원들과 함께 연구개발 프로젝트를 진행하면서, 내가 알고 있는 내용을 설명하고 공유해야 하는 상황도 자주 마주했다. 그런데 여기서 또 다른 문제는, 내가 알고 있는 지식의 절반도 말로는 제대로 전달하지 못한다는 사실이었다. 머릿속에서는 논리가 연결되었지만, 막상 말을 꺼내는 순간 흐름이 어긋나거나 핵심이 흐려졌다. 때로는 질문에 효과적으로 답변하지 못해 당황한 적도 있었다.

학계에서 교육자가 된다는 것은 단순히 똑똑한 사람이 되는 것이 아니다. 자신이 이해한 것을 누구보다 쉽게 설명할 수 있는 사람이 되어야 한다. 그때 처음으로, 나는 '지식'보다 더 중요한 것이 '전달력'이라는 사실을 체감했다. 이런 한계는 단순히 훈련 부족의 문제만이 아니었다. 나의 성격, 말투, 체력, 커뮤니케이션 방식 자체가 영향 요인이었다. 물론 노력하면 어느 정도 개선할 수는 있다. 하지만 타고난 조건부터 다른 사람들과는 차이가 있다. 누군가는 말하는 것 자체가 즐겁고 자연스럽다. 반면 나는 매번 긴장하고 피로감에 시달려야 했다. 같은 강의를 해도, 나에겐 정신적·신체적 비용이 훨씬 더 많이 들었다.

모든 사람이 같은 조건에서 출발하는 것은 아니다. 누군가는 무대에서 마이크만 잡아도 자신감이 넘치고, 누군가는 강의 자료를 사람들 앞에서 자유롭게 풀어낸다. 그들은 '타고난 무대형 인간'이었다. 하지만 나는 그렇지 않았다. 지식을 완벽하게 이해하고도, 그것을 말로 풀어내는 데엔 많은 제약이 있었다.

그래서 나는 선택했다. 말로 긴 시간을 되풀이하여 전하는 역할보다, 데이터로 명확히 요약하고 설명하는 산업의 길을 택했다.

데이터 분석가라고 해서, 단순히 분석만 잘한다고 좋은 평가를 받는 것은 아니다. 분석 결과를 효과적으로 전달해야 비로소 그 가치를 인정받는다. 하지만 산업계에서는 이 전달의 빈도와 강도 면에서 학계보다 부담이 훨씬 적다. 연구 결과를 토론하고 강의를 주기적으로 해야 하는 학계와 달리, 산업 현장에서는 보고서 작성이나 발표가 일정 간격으로 이뤄지기 때문이다. 나는 분석 결과를 정리하고 시각화하며 문서로 설명하는 방식에 더 익숙했다. 이게 나의 강점이었다.

전달력이 부족하다는 사실은 인정했지만, 아예 개선할 수 없는 영역이라 여기진 않았다. 그래서 나는 직접 움직였다. 커뮤니케이션에 관한 책이라면 전부 찾아 읽었다. 내가 살고 있는 지역의 시립도서관과 온라인 서점을 가리지 않고, 커뮤니케이션, 설득, 공감, 대화, 발표 기술 등 관련 서적 수십 권을 탐독했다. 읽고, 정리하고, 실생활에서 써보았다. 대화를 나눌 때는 상대의 말하는 속도, 감정, 관심사를 인식하면서 반응하기 시작했다. 말을 할 때 정보 전달만을 목표로 하기보다, 상대방의 기분과 언어 습관, 듣는 방식까지 함께 고려하게 되었다.

그 결과, 놀라운 변화가 찾아왔다. 예전에는 긴장하고 덜덜 떨며 발표하던 내가, 점차 편안하게, 논리적으로 말하는 능력을 갖추기 시작한 것이다. 지금도 완벽하진 않다. 하지만 하나는 확신할 수 있다. '될 수 없는 것'이 아니라, '되기 어려운 것'일 뿐이었다.

직업 선택은 결국 현실을 직시하는 것부터 시작한다. 내가 배운 것은 단순한 커뮤니케이션 기술이 아니다. 노력으로 극복할 수 있는 것과, 애초에 피하는 것이 나은 것을 구분할 줄 아는 지혜다.

어떤 사람은 무대에서 빛나고, 어떤 사람은 조용히 무대 뒤에서 빛난다. 모든 것을 극복하려 애쓰기보다, 비용 대비 효율이 높은 선택을 하는 것이 장기적으로 나를 지키는 방법일 수 있다. 시작점이 다르고, 극복에 필요한 시간과 비용이 과도하다면, 애초에 다른 선택을 하는 것이 전략적이다. 그리고 그 시간과 에너지를 내가 잘할 수 있는 일, 더 성장 가능성이 있는 분야에 집중하는 것이 옳다.

사람들은 흔히 "가장 좋아하는 일을 하라"고 말하지만, 그 말에는 중요한 전제가 빠져 있다. 바로 '그 일이 나에게 지속 가능한가?', '그 일을 하기 위한 비용이 감당 가능한가?' 하는 질문이다. 나 역시 미술이라는 가장 좋아하는 일을 포기하고, 현실을 고려해 컴퓨터공학을 선택했다. 분석이라는 길을 택했고, 산업이라는 무대를 선택했다. 그 안에서, 나에게 맞는 리듬과 조건을 발견해 조금씩 성장했다. 완벽하진 않지만, 현실적인 선택 속에서 최선의 삶을 살아가는 것이 중요하다는 것을 깨달았다.

3장

*

첫 만남 그리고 현실에서의 배움

첫 만남에 드러나는 조직의 진심

보통 기업은 다음 해 사업 계획을 세울 때 필요한 인력 충원을 미리 반영한다. 그러나 예기치 못한 퇴사로 공석이 생기거나, 수요와 공급이 맞지 않아 인력이 늘 부족한 직무가 있거나, 혹은 우수한 인재를 놓치지 않기 위해 일부 직무는 수시 채용이나 상시 채용의 형태로 진행되기도 한다.

기업에서는 채용 과정에서 접수된 이력서나 자기소개서, 포트폴리오 등 지원자의 서류를 대부분 인사 담당자를 거쳐 실무 리더가 직접 확인한다. 지원자의 서류가 기본 요건을 충족한다면, 면접 단계로 이어질 가능성이 높다. 이때 면접관이 사전에 서류를 얼마나 검토했는지는 실제 면접 현장에서 금세 드러난다.

실제로 필자가 게임 업계에 지원했을 당시, 첫 질문이 "의사시죠?"였다. 이는 내가 의료 데이터를 다루던 이력을 가지고 있다는 이유에서였지만, 이력서 어디에도 의사 면허에 대한 언급은 없었고, 자기소개서와 경력기술서 역시 분석 업무 중심의 경력을 명시해 두었다.

이처럼 지원자의 서류를 제대로 읽지 않은 채 형식적인 질문으로 면접이 시작되는 경우가 종종 있다. 자기소개서에 "취미는 여행"이라고 명시했음에도 불구하고, "취미가 뭐예요?"라고 묻는다면, 이는 면접관이 서류를 제대로 보지 않았다는 신호로 받아들일 수 있다. 만약 서류를 충분히 읽었다면 "여행이 취미라고 적어 주셨는데, 가장 기억에 남는 여행지는 어디인가요?"와 같은 구체적인 질문이 나왔을 것이다.

물론 면접관이 서류를 대충 훑고 오는 데에도 이유는 있을 수 있다. 실제 채용 의도가 없음에도 조직에 채용 '과정'을 보여주기 위해 진행되는 형식적인 면접이거나, TO를 유지하기 위한 절차를 밟는 것일 수도 있다.

또는 면접관이 여럿인 경우, 지원자의 서류 합격에 모두가 동의하지 않을 때, 반대 의견을 가진 면접관은 적극적인 관심 없이 수동적으로 면접에 참여하는 모습으로 나타날 수도 있다.

보통 면접의 첫 질문은 간단한 자기소개나 경력 요약을 요청하는 것으로 시작된다. 이는 면접관들이 면접을 준비할 시간을 벌기 위한 의미도 있지만, 지원자에게 긴장을 완화시킬 기회를 제공하려는 목적도 있다.

대부분의 지원자들은 자기소개를 미리 준비하고 오기 때문에, 큰 틀에서 벗어나지 않는 범위 내에서 자신을 소개하게 된다. 이때 면접관이 "오느라 힘들진 않으셨나요?", "사무실 분위기는 어떤가요?"처럼 가볍고 따뜻한 질문을 던진다면, 지원자의 긴장을 풀어주는 데 효과적이다.

기업 입장에서도, 지원자가 긴장으로 인해 능력을 제대로 발휘하지 못한다면 좋은 인재를 놓치는 결과로 이어질 수 있다. 물론 면접관 입장에서 긴장 상황을 잘 대처하는 능력 또한 평가 요소가 될 수 있지만, 어디까지나 검증의 과정은 존중과 예의 안에서 이루어져야 한다.

지원자 역시 마찬가지다. 만약 면접관이 무례한 질문을 하거나 반복적으로 무시하고 평가절하한다면, 그 면접은 이미 '관계의 실패'로 봐야 한다. 그럴 땐, "이런 기업에 내가 과연 들어가야 하나?"라는 의문이 머릿속을 떠나지 않을 것이다. 이런 상황에서는 굳이 끝까지 참기보다는, 문제가 된 질문에 대해 정중히 지적하거나 조용히 면접을 종료하는 결단을 내리는 것이 본인의 시간과 에너지를 아끼는 방법이 될 수 있다. 무엇보다 자존감을 잃으면서까지 감내할 필요는 없다.

직접적인 표현이 어려울 경우, 질문에 "그 부분은 잘 모르겠습니다"라고 간단히 마무리하는 것도 하나의 방어적 태도다. 불편한 자리에 있더라도, 그 자리를 더 불편하게 만들 필요는 없다. 오히려 차분하고 단정한 태도로 대응할수록, 기업과 면접관에게 긍정적인 인상을 남길 수 있다.

간혹 면접 전에 과제나 테스트를 요청받기도 한다. 단순히 기본 역량을 확인하는 수준이라면 공개 여부는 중요하지 않지만, 고난도의 과제나 고유의 사고가 필요한 문제를 제시할 경우에는 사전에 그 과정을 안내하는 것이 필수다.

이런 과제는 검증을 위한 목적이어야지, 조직이 해결하지 못한 아이디어를 끌어내기 위한 수단이 되어선 안 된다. 면접관이 전 직장의 구체적인 성공 사례나 비공개 전략을 지나치게 파고들거나, 해결책을 요구한다면, 이는 분명히 검증을 넘어선 수단적 이용의 의도가 깔려 있다고 의심할 수 있다.

이런 질문이 자주 발생하는 경우는, 연차가 낮은 면접관이 높은 경력자의 면접에 참여하거나, 전문 분야가 다른 팀장이 형식적으로 면접에 배치된 경우다.

이럴 때는 민감한 내용을 피하고, "이전에 내가 해결했던 사례를 가볍게 언급하며, 이 회사에서는 어떤 방식으로 접근하고 계신가요?"라고 되묻는 방식으로 유연하게 대응하는 것이 좋다. 질문의 의도를 파악하고 역질문을 통해 분위기를 부드럽게 전환하는 것도 하나의 기술이다. 물론 이런 상황이 반복된다면, 애초에 채용 의지가 약하거나 구조적으로 불투명한 기업일 가능성이 높다.

결국, 채용은 '갑과 을의 관계'가 아닌, 동등한 선택의 과정이다. 면접을 보는 동안 지속적으로 무시당하거나 불쾌한 언행을 겪는다면, 그 기업에 합격하더라도 함께 일하게 될 사람들이 바로 그들이라는 사실을 기억해야 한다. 그 순간은 참고 넘길 수 있을지 몰라도, 그런 직장은 오래 다닐수록 마음에 병이 될 수 있다.

일은 생존을 위한 수단이기도 하지만, 동시에 삶의 절반 이상을 투자하는 공간이다. 그 시간을 병들게 만들 이유는 없다. 선택은 언제나 우리에게 있다.

지원자를 시험하는 또 다른 방식들

서류 합격은 흔히 "첫 관문을 넘었다"는 안도감을 준다. 그러나 실제 평가는 그 이후부터 시작되는 경우가 많다. 면접 일정 조율, 과제 요청, 사전 테스트, 비공식적인 미팅 제안 등은 모두 지원자를 다시 한번 살펴보는 과정이다. 채용 절차에 미리 안내되어 있다면 문제가 되지 않지만, 예고 없이 변동이 생길 때는 이야기가 달라진다.

처음에는 실무 면접만 예정되어 있었는데, 갑작스럽게 경영진 면접이나 PT 발표가 추가되기도 하고, 코딩 능력이 필요한 직무라면 코딩 테스트가 끼어들기도 한다. 이런 상황은 지원자에게 준비되지 않은 환경 속에서 순발력과 대응력을 요구한다. 긍정적으로 보면 유연성을 검증하는 기회이지만, 동시에 체계적인 채용 프로세스가 자리 잡지 못했다는 신호이기도 하다. 더군다나 스타트업이 아닌 이상 기업에서 채용은 주기적으로 진행하므로 갑작스러운 채용 절차의 변경은 있을 수 없다. 나아가 이런 상황은 채용을 단순히 절차로도, 사람을 가볍게 보는 태도로 운영하고 있다는 의미일 수도 있다. 지원자의 시간과 노력은 충분히 고려되지 않고, 과정 자체가 형식적이거나 기업 편의용으로 이루어지는 경우가 종종 나타난다.

나 역시 면접 과정에서 갑작스럽게 화이트보드에 목차를 작성하며 발표하라는 요구를 받은 적이 있다. 준비 없이 정리된 내용을 바로 설명해야 했기에 실제 역량이 충분히 드러나지 못했다. 또 다른 자리에서는 사전 고지 없는 코딩 테스트가 면접 직전 추가되기도 했다. 초시계를 들고 초 단위로 압박을 주거나, 긴 문제 지문을 스크롤을 내리지 못하게 하여 끝까지 읽지 못하게 하는 방식은 공정함과는 거리가 멀었다. 마우스가 준비되었는데도 제공되지 않아 테스트를 원활하게 치르기 어려운 상황도 있었다. 단어의 철자를 틀리거나 괄호가 빠지는 정도는 사전 안내에서는 이해해 주겠다고 했지만, 결과적으로 단순한 오타나 괄호 하나의 실수조차 평가에서 불이익이 되었고, 나는 그 자리에서 불합리함을 직접 지적하며 채용 절차를 중단했다. 이후 인사 담당자가 그 자리에서 사과했지만, 형식적인 수준에 그쳤다. 그날 저녁, 인사 담당 임원이 다시 연락해 상황을 확인하며 "무조건 잘못했다"고 정리했지만, 이미 신뢰는 완전히 흔들린 상태였다. 사과를 받아도 내가 소모한 에너지와 시간, 무엇보다 자존감은 쉽게 회복되지 않는다. 하지만 그마저도 하지 않았다면, 다음 도전의 시간은 더 늦어졌을 것이다.

나는 당시 10년 정도의 경력을 가진 시니어였다. 그럼에도 불구하고, 채용 과정에서 일어난 부당한 요구와 불합리한 처사는 참기 어려웠다. 만약 신입 지원자라면, 이런 상황에서 누가 감히 문제를 지적할 수 있겠는가. 그 기업의 채용 과정의 무례함은 신입에게는 더 가혹하게 느껴졌을 것이고, 지원자를 존중하기보다는 시험하듯 다루는 태도는 오히려 강도 높게 나타났을 것이다. 경험과 지위를 가진 나조차 분노와 당혹을 느꼈다면, 막 사회에 들어선 이들에게는 이 불합리함이 얼마나 큰 좌절로 다가올지 짐작할 수 있다.

최근에도 공고에는 명시되지 않았던 코딩 테스트를, 1차 면접 직전 대기 장소에서 안내받으며 양해를 구하는 상황을 경험했다. 면접관은 "1차 면접이 끝난 후 코딩 테스트를 진행하겠습니다"라고 말했다. 이미 면접장에 도착해 있었고, 오랫동안 연락해 온 헤드헌터를 통해 지원한 터라 그 자리에서 거절하기가 어려웠다. 내가 직접 지원하였다면 아마 바로 그 자리에서 정중히 거절했을 것이다. 이런 상황은 단순한 불편함을 넘어, 지원자가 입사 전부터 의욕을 잃게 하고, 기업에 대한 신뢰에도 금이 가게 만든다. 채용 절차가 공고대로 진행되지 않고 예고 없이 바뀌는 순간, 지원자는 자신이 제대로 평가받고 있는지, 또 이 회사에서 장기적으로 함께할 수 있을지 고민하게 된다.

내가 불합리하게 겪은 일들은 이름만 들어도 알 수 있는 대기업에서 일어난 일들이다. 체계적이고 엄격할 것이라 기대했던 곳조차, 지원자를 시험하듯 다루고 불필요한 압박을 주며, 절차를 예고 없이 변경하는 모습을 직접 경험했다. 그 기업들의 규모와 명성에 비해, 채용 과정에서 보여준 태도는 실망스럽고 안타까웠다. 심지어 경험 많은 시니어조차 분노를 느끼게 하는데, 신입이나 주니어 경력 지원자에게는 좌절감과 혼란이 얼마나 컸을지 상상조차 어렵다. 이렇게 보면, 기업의 이름과 평판만으로 지원 과정을 믿어서는 안 된다는 현실을 깨닫게 된다.

서류 합격 이후의 과정은 지원자에게 또 다른 부담이 될 수 있지만, 동시에 그 회사의 태도와 문화를 관찰할 수 있는 기회이기도 하다. 면접을 얼마나 성의 있게 준비하는지, 채용 절차를 투명하게 운영하는지를 지켜보는 것만으로도 많은 것을 판단할 수 있다. 채용은 기업이 지원자를 검증하는 과정이면서, 지원자가 기업을 검증하는 과정이기도 하다.

절차가 바뀌었을 때는 무조건 참고 넘어가기보다, 그 순간 스스로에게 물어야 한다. "이 과정을 계속 이어가는 것이 맞을까?" 작은 불일치는 곧 남은 채용 과정 전체에 대한 불신으로 이어지고, 매끄럽지 못한 절차는 마음속에 껄끄러운 기억으로 남는다. 채용 과정에서 느껴지는 위화감은 결코 사소하지 않다. 오히려 그것이 앞으로 함께할 조직을 평가할 수 있는 가장 솔직하고 중요한 신호가 될 수 있다. 그래서 채용 과정은 단순히 합격을 위한 통과 절차가 아니라, 스스로를 지키고 회사를 판단하는 중요한 기준이 된다. "나는 이 환경에서 성장할 수 있을까?", "이 조직과 함께할 가치가 있는가?"라는 질문을 던지고, 그에 대한 자신의 판단을 존중하는 것이 필요하다. 작은 불일치와 불신은 첫 단추를 잘못 끼운 것처럼, 결국 입사 이후 더 큰 문제로 되돌아오기 때문이다.

공고와 면접, 그 이면을 읽는 법

채용 사이트를 자주 확인하다 보면, 매일 게시되어 있는 공고가 눈에 띄곤 한다. 이처럼 자주 게시되는 채용 공고는 겉보기에는 그 기업이 많은 사람을 자주 채용하는 것처럼 보일 수도 있다. 그리고 회사의 서비스나 판매하는 상품을 살펴보면 이상한 기업은 아닐 거라 생각하기 쉽다. 하지만, 상시나 수시 채용이 아닌데도 지속적으로 공고가 올라온다면, 그 회사 내부에 문제가 있을 가능성이 있다.

상시 채용 공고라면, 우수한 인재가 지원하지 않는 이상 서류 합격조차 쉽지 않은 경우가 많다. 반면, 상시 채용이 아니라면, 회사 내부에 애매한 경력의 직원이 존재할 경우 그들과 함께 일할 경력자에 대해 제한을 두어 채용하는 경우가 많다. 경쟁 사회이기에 내부 직원들은 자신의 자리를 위협할 수 있는 뛰어난 인력을 달가워하지 않는다. 이는 자신이 그동안 쌓아온 업무 성과가 지원자의 입사와 함께 평가절하되거나, 변경될까 두려워서다. 설사 지원자가 입사 후 본인이 해결하지 못한 문제를 성공적으로 해결하더라도, 이를 쉽게 받아들이기 어려운 경우가 많다.

물론 지원자가 존경받을 만한 인품이나 매우 뛰어난 역량을 갖췄다면 다르겠지만, 현실적으로 면접 과정에서 실무진이 지원자를 단시간에 그렇게 평가하기는 쉽지 않다.

　채용 공고가 자주 올라오는 또 다른 이유는, 해당 포지션의 채용 결정자가 바로 임원이거나, 새로운 분야의 도입으로 어느 정도 경력자를 뽑아야 할지 회사 내부에서 포지션에 대한 명확한 스펙을 정하지 못했기 때문이다. 특히 내부에 관련 경험자가 없는 분야라면 임원이 직접 면접에 참여하거나, 관련 부서의 리더급 인사가 채용 과정을 주도한다. 임원이 1차 면접에 직접 참여하면, 지원자가 회사에 얼마나 기여하고 관련 부서와 협업할 수 있을지, 실제 업무에 어떻게 적용할 수 있을지를 중심으로 질문한다. 지원자는 임원의 직접 면접 사실을 사전에 알지 못하면 당황할 수 있으나, 오히려 솔직한 대화가 오가며 서로가 원하는 바를 명확히 알 수 있는 좋은 기회가 된다.

　반면, 리더급 채용에 1차 실무 면접에 관련 부서 리더급만 참여한다면, 결과가 긍정적이든 부정적이든 합격 가능성은 매우 낮다. 그 이유는 지원자가 본인들보다 뛰어나거나 부족할 경우 모두 문제가 되기 때문이다. 지원자가 본인들보다 뛰어나다면, 업무 의사 결정 과정에서 입김이 약해지거나, 기존 팀의 업무 방향이 변경될 위험을 느낀다. 업무량이 늘어나도 급여나 인원이 증가하지 않는 상황에서 이러한 변화는 불편함으로 다가온다. 게다가 지원자의 이전 연봉이 본인보다 높다면, 시기심이 더 커지기도 한다.

　면접 과정에서 전혀 관련 없는 질문이나 인신공격성 질문이 반복된다면, 이는 기업 내 채용 의지가 부족하다는 신호로 봐야 한다. 이럴 경우, 차라리 유관 부서 리더들을 면접에 참여시키되 임원은 옵저버로 같이 참여하도록 하는 것이 더 낫다. 이렇게 하면 관련 없는 질문이나 공격성 질문은 하지 못하므로 지원자의 역량을 제대로 검증하는 기회가 된다.

수차례 경험해본 결과, 새로운 포지션 리더급 채용에 유관 부서 리더만 면접관으로 참여한다면, 그 면접은 진행하지 않는 편이 서로에게 시간 낭비를 막는 길이다.

또한 유관 부서 리더와 경력 낮은 면접관이 함께 참여하는 경우도 비슷한 결과가 나온다. 이는 새로운 팀을 만들기보다, 기존 팀 안에 파트를 나누려고 하는 것이다. 그렇다 보니 본인이 관리 가능한 수준의 경력자를 원하는 경우가 많기 때문이다. 본인의 직속 부하로 두고 업무에 활용하려는 목적이지만, 시니어 경력자라면 발전과 직책을 맡기를 원하고 더 나은 처우를 기대하기 때문에 현실적 갈등이 발생할 수밖에 없다. 더구나 유관 부서 리더는 지원자가 보유한 전문 분야의 리더가 아니기 때문에, 지원자가 향후 업무 진행 과정에서 결정권이 부족해 제약을 받거나, 잘못된 방향으로 업무가 흘러갈 위험이 있다. 유관 부서 리더가 지원자의 권한이나 정보 접근에 제한을 하는 상황도 생길 수 있다. 지원자를 평가하는 입장이라면 제대로 된 평가 또한 기대하기 어렵다.

유관 부서에서 일을 시작하다가 새로운 팀을 꾸린다고 해도 팀을 만드는 과정에서, 유관 부서장이 책임감과 부담을 느끼게 되고, 지원자 역시 새로운 팀 구성과 업무 진행 과정에서 이전 상사와 복잡한 관계를 형성하게 된다. 업무 요청이 반복되면서 불편한 관계가 될 가능성도 있다. 물론 큰 그릇의 리더라면 이런 상황도 원만하게 풀 수 있겠지만, 비즈니스 세계에서는 보이지 않는 경쟁이 치열하며, 그런 리더는 많지 않은 편이다.

결국 채용 공고와 면접은 단순히 회사가 인재를 뽑는 과정만이 아니다. 공고의 빈도, 면접 참여자의 구성, 질문의 성격 등 모든 요소에는 회사 내부 상황과 문화, 조직 구조가 녹아 있다. 지원자는 이를 읽어내는 눈을 가져야 한다. 단순히 '합격 여부'에만 집중할 것이 아니라, 해당 조직에서 자신의 역량이 온전히 발휘될 수 있는지, 장기적으로 성장할 수 있는 환경인지 판단하는 것이 중요하다.

경험을 통해 알게 된 사실은 이렇다. 아무리 좋은 조건의 회사라고 해도, 내부 구조나 의사 결정 방식이 본인과 맞지 않으면 결국 만족도는 낮을 수밖에 없다. 반대로, 초기에는 부족해 보이는 조건이라도 지원자가 조직의 구조와 흐름을 이해하고 적절히 조율할 수 있는 위치와 권한이 있다면, 장기적으로 성장과 안정적인 업무 환경을 얻을 수도 있다.

따라서 채용 공고와 면접의 '겉모습'에 현혹되지 말고, 그 안에 숨겨진 맥락을 읽는 능력이 필요하다. 지원자가 할 수 있는 최선은 면접과 질문 속에서 회사의 진짜 니즈와 문화, 구조를 파악하고, 자신이 그 안에서 의미 있는 역할을 수행할 수 있는지 현실적으로 판단하는 것이다.

궁극적으로, 면접은 단순히 합격을 위한 시험이 아니라, 회사와 지원자가 서로에게 적합한 무대인지 탐색하는 과정으로 받아들이는 것이 바람직하다. 이 관점에서 접근하면, 비록 처음에는 기대와 달리 탈락하거나 어려움을 겪더라도 그것은 실패가 아니라 자신에게 맞는 환경을 찾아가는 소중한 배움이 된다.

현실이 흔들린 순간

누구나 살면서 예상치 못한 순간, 현실이 한순간에 흔들리는 경험을 한다. 가끔 뉴스에서 공기업이나 대기업에서 합격이 취소되었다는 소식을 접할 수 있다. 그럴 때마다 안타까움과 함께 씁쓸함이 밀려온다. 대부분 '전산 오류', '채용 전형 변경' 같은 변명들이 이유로 제시되지만, 그나마 조금 괜찮은 기업은 본인들의 잘못을 인정하며 '경영 사정'을 이유로 들기도 한다. 공기업이나 대기업조차 이런 일이 벌어지는데, 규모가 작은 중소기업에서는 훨씬 더 쉽고 빈번하게 합격이 취소된다.

나도 합격 후 취소를 여러 차례 경험했다. 1차, 2차 최종면접까지 통과했음에도 합격이 취소된 사례들이 있었는데, 처음에는 억울하고 어이가 없었고 큰 스트레스를 받았다. 시간이 지나면서 마음을 다잡았지만, 그 순간만큼은 얼마나 당혹스러웠는지 모른다. 너무나 황당했던 일들이라 빨리 잊고 싶지만, 큰 충격은 쉽게 잊히지 않는다. 여기서는 처음과 최근, 두 가지 대표적인 경험만 이야기하려 한다.

첫 번째는 의학 분석 분야에서 게임 산업으로 전향하던 시기였다. 연말 즈음 한 기업에서 합격 연락을 받았으나, 며칠 후 이메일로 합격 취소 통보를 받았다. 이유가 안 적혀 있어 알 수 없었고, 어렵게 채용 담당자에게 문의했더니 담당자조차 '위에서 결정된 사안이라 본인도 곤란하다'는 말뿐이었다. 당시 연말이라 이미 여러 약속들이 잡혀 있었고, 합격 사실을 알렸던 친구들에게 다시 어떻게 말해야 할지 고민이 컸다. 그 우울함과 허탈감은 이루 말할 수 없었다.

최근에는 더 충격적인 일이 있었다. 내가 지원한 기업이 아닌, 내 이력서를 보고 연락을 준 회사였다. 1차는 임원 면접, 2차는 대표이사 면접을 보았고, 면접 분위기와 답변 모두 매우 좋았다. 사업보고서의 문제점까지 꼼꼼히 지적하며 내 역량을 충분히 보여줬다. 2차 면접 때는 해외여행 일정(2주)을 미리 알렸고, 보통 입사 일정이 그보다 길기 때문에 문제가 없을 거라 생각했다. 여행 중 2차 합격 소식을 들었고, 처우 협의를 위해 전 직장 처우와 희망 연봉 등을 증빙서류와 함께 자세히 제출했다.

하지만 일주일이 지나도 연락이 없었고, 결국 인사팀장으로부터 '귀국 후 연락하겠다'는 메시지를 받았다. 겉으로는 배려인 듯했지만, 정작 귀국 후에는 채용 자체가 없던 일로 처리되었다는 통보를 받았다. 이유는 '희망 연봉' 때문이었다. 대표와의 면접 때 연봉은 많이 바라지 않고 적당히 제시해 달라고 했고 희망 연봉을 작성할 때는 이직할 때 통상 고려하는 수준보다 조금 낮게 적어 냈다. 기업의 규모가 줄어든 것을 스스로 반영했고, 내가 분석하고 싶은 장르라서 꼭 입사하기 위해 적당하게 조절했다. 하지만, 협의조차 없이 일방적으로 합격이 취소되었다. 인사팀장은 이런 일이 자주 있다고 했지만, 이 기업은 나를 놀리는 것 같았다. 나로서는 아직도 이런 기업이 있다는 사실에 너무나도 실망스러운 경험이었다.

이런 사례들은 단순한 불운이 아니라, 채용 과정에서 기업들의 비윤리적이고 무책임한 태도를 적나라하게 보여준다. 경력자에게도 이런 일이 발생하는데, 신입사원 채용 때는 얼마나 더 심할지 상상조차 어렵다. 이로 인해 많은 인재들이 기업에 대한 신뢰를 잃고, 결국 좋은 인재가 떠나는 악순환이 반복된다고 생각한다.

채용 과정에서 잘못한 기업들은 최소한 인사 담당 임원이라도 직접 지원자에게 연락하여 합격 취소의 명확한 이유를 설명하고, 재발 방지를 위한 대책과 함께 진심 어린 사과를 해야 마땅하다. 사과가 합격을 되돌리거나 지원자의 시간과 에너지를 보상해주지는 못하더라도, 지원자 마음의 상처를 어느 정도 달랠 수 있기 때문이다. 그런데 이런 기본적인 도리조차 지키지 않는 기업이라면, 앞으로도 신뢰받기 어려울 것이다. 나는 이런 경험을 여러 번 겪었고, 예전과 달리 담당자에게 직접 '그런 기업은 결국 망할 것'이라 말하며 속 시원하게 저주라도 퍼부었는데, 그 덕분에 마음이 조금은 위안이 되었다.

이런 기업과의 인연은 과감히 끊고, 차라리 기본은 지키는 기업과 기회를 찾아 나서는 편이 낫다. 또한, 블랙리스트를 걱정하기보다 비슷한 피해를 입는 사람이 없도록 주변 사람이나 헤드헌터에게 사실대로 알리는 것도 중요하다. 가해자가 가책을 느끼지 못하면, 피해자는 계속 늘어나기 때문이다.

채용 과정은 단순한 절차가 아니라, 사람과 사람 사이의 신뢰와 존중을 바탕으로 한 관계다. 기업이 조금 더 책임감 있는 태도를 갖고, 지원자에게도 최소한의 예의를 갖추는 문화가 자리 잡길 진심으로 바란다.

합격 후 취소가 빈번한 기업들은 내부적인 조직 관리가 미흡하거나, 인력 계획에 심각한 혼선이 있는 경우가 많다. 인사 담당자와 경영진 간의 소통 부재, 예산 부족, 갑작스러운 경영 전략 변경 등이 원인이다. 이런 환경에서 지원자는 '보이지 않는 피해자'가 되기 쉽다. 따라서 지원자 스스로도 하나의 기업에 합격했다고 진행하고 있는 다른 채용을 중단하지 말고 계속 진행하고, 합격 소식을 받을 때 증빙을 남겨 놓고 서류나 계약 조건을 꼼꼼히 확인해야 한다.

채용 과정에서 생기는 불공정한 처우나 불투명한 절차를 사회적으로도 더 엄격히 감시하고 제도적으로 개선할 필요가 있다. 기업과 지원자 모두가 공정하고 신뢰할 수 있는 채용 환경을 만들어야, 진정한 의미의 '좋은 일자리'가 늘어날 것이다.

노력과 준비를 기울였음에도 결과가 뜻대로 되지 않을 때, 그 순간은 누구에게나 깊은 충격으로 남는다. 그러나 시간이 흐르면 깨닫게 된다. 현실이 흔들린 순간조차 나에게 배움과 경험을 남기며, 앞으로 나아갈 길을 조금씩 더 명확하게 만들어 준다는 사실을.

마지막으로, 현실이 잠시 흔들릴 때 중요한 것은 흔들림 자체를 부정하거나 피하는 것이 아니다. 그 흔들림 속에서 배울 수 있는 교훈을 받아들이고, 선택과 행동을 조정하며 다시 걸어 나아가는 것이다. 그렇게 우리는 예기치 않은 순간을 통해 더 강하고 유연한 자신을 발견하며, 인생의 길을 단단히 다져갈 수 있다.

입사 전에 알지 못했던 현실

　대부분의 신입사원과 경력직 모두, 입사 후 처음 3개월 동안은 수습 기간을 거친다. 이 기간은 긴장과 부담 속에서, 매 순간 최선을 다해 행동하고 결과를 내야 하는 시간이다. 마치 갑과 을의 관계처럼 느껴지기도 한다. 하지만 조금 다른 시각으로 바라본다면, 이 수습 기간은 회사와 나, 서로를 시험하고 선택할 수 있는 정당하고 소중한 합법적 기회이기도 하다.

　입사 전에 채용 공고의 내용이나 기대했던 업무 내용과 실제 맡게 되는 일이 달라 당황할 수도 있고, 회사의 문화가 나와 맞지 않아 어려움을 겪을 수도 있다. 특히 리더나 선임과의 소통 방식이 맞지 않아 힘들어지는 경우도 많다. 이런 상황에서 재취업이 어렵다고 무조건 참으며 버티기만 하면, 몸과 마음이 지칠 수밖에 없다. 반면, 너무 서둘러 결정을 내리는 것도 바람직하지 않다. 수습 기간 동안 충분히 경험하고 고민한 뒤 신중하게 앞으로의 방향을 결정하는 것이, 결국 나와 회사 모두에게 더 나은 결과를 가져온다.

　리더급 이상이라면 스스로 업무를 찾아서 진행하겠지만, 대부분의 신입이나 주니어 경력자는 주어진 지시를 따라 일하게 된다. 좋은 선임이나 리더를 만나면 업무뿐 아니라 회사 생활 전반이 만족스러울 수 있지만, 현실은 그렇지 않은 경우가 많다. 여유가 없고 바쁜 환경 속에서, 스스로를 챙기기도 쉽지 않은 것이 현실이다.

회사는 내가 돈을 받고 결과를 내는 곳이지, 배움을 위해 가는 학교가 아니다. 그렇기에 누군가 알려주지 않는다고 서운해할 필요는 없다. 누군가 가르쳐 주는 것은 그들의 배려일 뿐, 당연한 일은 아니다. 질문할 때에도 상대방이 편하게 답할 수 있도록 배려하는 태도가 필요하다.

신입이나 주니어 경력자라면 업무 결과를 내기 전에 상사나 선임의 확인을 받는 것이 중요하다. 업무 결과와 지시가 다르다면, 의사소통에 오해가 있었을 가능성이 크다. 이런 경우, 업무 내용을 꼼꼼히 기록하거나 필요하면 사전에 동의를 구하고 녹음을 하는 것도 도움이 된다. 다만, 이런 기록으로 나중에 문제 삼거나 다투는 도구로 사용하는 것은 피해야 한다. 누구나 실수를 할 수 있고, 상대방이 부담을 느낄 수 있기 때문이다.

업무 결과가 부족하거나 잘못되었다면, 보통 상사가 추가하고 수정해 준다. 이때 수정한 부분을 친절히 설명해 주는 상사는 좋은 동료다. 하지만 설명이 없더라도 스스로 문제점을 찾아 개선하려는 노력이 더 중요하다. 그리고 '내가 맞고 상사가 틀렸다'는 마음가짐은 위험하다. 상사가 실수했더라도 조심스럽게 의견을 전달하는 태도가 필요하다. 업무 결과를 즉시 다른 사람에게 공유해야 하는 상황이 아니라면, 시차를 두어 감정이 완화한 뒤 상사에게 의견을 조심스럽게 전달하는 것이 바람직하다.

만약 실수가 반복되면, 상사가 지적하는 빈도가 점차 줄어들 것이다. 이 시점이 가장 위기다. 업무에 대한 회신이 없거나 무관심하다면, 이는 '상사는 더 이상 시간을 투자하지 않겠다'는 신호일 수 있다. 심한 경우, 업무가 아예 주어지지 않아 무엇을 해야 할지 몰라 막막한 상태가 될 수도 있다.

이럴 때일수록 스스로 적극적으로 다가가 어떤 업무를 맡아야 하는지 묻고, 과거에 했던 일들이 잘 진행되었는지 조심스럽게 확인하는 것이 중요하다. 상사가 필요로 할 것 같은 간단한 업무라도 스스로 찾아내 "이 부분은 제가 해도 될까요?" 하고 확인한 뒤 진행하는 태도도 긍정적이다. 다만, 본인의 역량과 위치에 맞는 업무를 선택하는 것이 중요하다. 만약 너무 무리한 업무를 맡으려 한다면, 상사는 오히려 '자신의 위치를 잘 모르는 사람'으로 인식할 수 있기 때문이다.

내가 해야 할 일을 명확히 알고, 조금씩이라도 개선하려는 꾸준한 노력은 결국 주변의 신뢰를 쌓아가고, 내게도 작은 자신감을 심어준다. 물론, 아무리 노력해도 인정받지 못하면 힘든 순간이 찾아올 수 있다. 그럴 때일수록 그 경험이 나를 더 성장시키는 밑거름임을 마음 깊이 믿고, 흔들리지 말자. 누구에게나 어려운 시기는 반드시 찾아온다. 하지만 그 시간을 묵묵히 견뎌내며 한 걸음씩 발전하는 내 모습을 분명히 발견할 것이다.

그렇게 쌓인 경험과 인내는 결국 더 단단하고 흔들림 없는 나를 만들어 준다. 그리고 시간이 흘러 돌아보면, 그 모든 순간들이 지금의 나를 지탱해 준 소중한 자산이었음을 깨닫게 된다. 이 길이 힘들더라도, 한

발 한 발 내딛는 그 과정 자체가 결국 나를 성장시키는 가장 귀한 시간임을 잊지 말자.

4장

*

일과 건강 그리고 멈춤의 용기

삶을 흔드는 순간, 나의 선택

　조직에서 성실하고 열심히 일해도, 나에게 예상치 못한 위기는 언제
든 찾아온다. 그중에서도 최악으로 여겨지는 권고사직은 답이 명확하
게 '퇴사'로 정해져 있지만, 임금체불은 다르다. 불행을 조금 더 견딜 것
인지, 아니면 그 상황에서 벗어날 것인지를 스스로 선택해야 한다. 명백
히 불합리한 일이지만, 실제로 많은 직장인들이 이런 상황에 놓인다.
겪지 않아도 될 경험 속에서 자산과 정신이 함께 흔들리며, 단순한 금
전적 손해를 넘어 삶의 의지와 자신감마저 무너진다.

　임금체불은 기업이 어려워지면서 발생한다. 기업의 위기를 알아차리
는 방법은 조금만 관심을 갖고 살펴보면 어느 정도 파악할 수 있다. 상
장기업의 경우 사업보고서나 감사보고서를 통해 매출과 영업이익 등
재무 상태를 비교적 쉽게 확인할 수 있다. 몸담고 있는 조직에서 매출,
자산, 영업이익이 계속 줄어든다면 결국 자금이 부족해지고 위기가 찾
아오게 된다. 비상장기업이라도 내부적으로 분기, 반기, 또는 연말에 실
적이 공유되곤 한다. 하지만 실적이 부진하거나 민감한 사안일 경우, 이
러한 정보조차 철저히 차단된다. 그래서 직원조차 회사를 다니면서도
기업 상황을 제대로 알지 못하는 경우가 많다. 오히려 회사 관련 악재

나 호재를 언론 보도를 통해 먼저 접하는 경우도 많다.

내가 몸담은 회사의 중요한 소식을 외부 언론을 통해 먼저 알게 되는 순간, 배신감마저 든다. 굳이 회계지식이 없어도 회사의 상태가 심상치 않다는 것은 직장생활 곳곳에서도 느껴지기 시작한다. 비품이나 장비 구입이 지연되거나, 채용이 갑작스럽게 중단되고, 인센티브나 연봉 인상률이 심하게 기대 이하로 통보되는 경우가 생긴다. 연봉이 동결되기도 한다. 특히 고위 임원들의 잦은 회의와 비정상적인 긴장감이 감지되면, 이미 상황이 심각하다는 신호일 수 있다.

가장 명확하게 기업의 위기를 체감하는 순간은 4대 보험이 미납되었다는 사실을 고지서나 전산상에서 확인했을 때다. 특히 국민연금은 3개월 이상 체납 시 개인에게 통보가 오기 때문에, 그때서야 뒤늦게 알게 되는 경우가 많다. 하지만 이 시점은 이미 너무 늦었다. 4대 보험 미납은 단순한 행정 문제가 아니라, 개인의 신용과 미래에 직접적인 타격을 준다. 실제로 지인 중에는 4대 보험 미납으로 인해 전세대출이나 주택담보대출이 거절되어 삶이 무너지는 경우도 있었다.

임금체불은 삶을 크게 흔든다. 급여일이 며칠 남지 않은 시점, 회사로부터 "지급이 며칠 늦어진다"는 이메일이나 공지를 받는 순간이 온다. 미리 알면 그나마 대비할 수 있지만, 대부분은 급여일 당일에야 이런 소식을 접하게 된다. 이는 임원들조차 마지막 순간까지 자금을 마련하기 위해 고군분투하고 있음을 보여주지만, 어떤 사정이든 피해는 결국 직원이 떠안게 된다. 당장 카드 결제일을 맞거나 이미 세워둔 중요한 계획이 무너질 수 있고, 가정이 있는 이라면 그 사실을 배우자에게 전하는 일조차 쉽지 않다.

사람들은 가볍게 말할 수 있다. "처음부터 재무 상태가 불안한 회사에 들어가지 않으면 되지 않느냐"고. 하지만 현실은 그렇게 단순하지 않다. 입사 당시에는 재무 상태가 나쁘지 않을 수도 있고, 부채가 많다고 해서 모두 위험한 기업은 아니다. 특히 벤처기업이나 스타트업은 설립 초기에 안정적인 수익 구조가 없더라도, 장기적인 성장 가능성을 인정받아 투자를 유치한다. 이 과정에서 일시적인 적자와 부채는 필수불가결한 성장통일 수 있다. 따라서 단순히 재무제표만 보고 '위험하다' 판단할 수는 없다.

대기업이나 중견기업처럼 안정적인 기업은 취업 문턱이 높고 경쟁도 치열하다. 오히려 많은 이들은 함께 성장할 수 있는 가능성에 이끌려, 초기 단계 기업을 선택하기도 한다. 기업에서 초기에 함께 고생하고 함께 성과를 만들어가는 과정에서 느끼는 애착과 성취감은 대체 불가능하다. 하지만 현실은 냉정하다. 아무리 뜻이 좋고 가능성이 보여도, 회사가 자금을 조달하지 못하면 결국 운영은 멈출 수밖에 없다.

지출은 계속되는데 수익이 발생하지 않거나, 추가 투자가 끊기면 회사는 무너지기 시작한다. 사재투자조차 이뤄지지 않는다면, 결국 급여 지급 여력도 사라진다. 이 시점부터 임금체불은 시작된다.

임금체불이 시작되면 구성원들은 빠르게 움직이기 시작한다. 누군가는 즉시 이직을 준비하고, 또 누군가는 퇴사를 고민한다. 과거에 체불 경험이 있거나 이직 가능한 실력을 갖춘 사람일수록 단호하게 떠난다. "곧 입금되겠지", "이번엔 괜찮겠지"라는 기대는 이미 깨져 있기 때문이다.

나 역시 한 기업에서 세 번의 임금체불을 겪었다. 처음에는 기업에 대한 애착, 팀원에 대한 책임감, 임원들의 오랜 설득에 흔들렸다. 개발이 거의 완료된 게임이 눈앞에 있었기에 "조금만 더 버티자"는 생각도 들었다. 그리고 이직 준비가 안 된 상태에서 갑작스럽게 퇴사하는 일은 쉽지 않았다. 특히나 다른 기업에 지원하려 해도, 참여 프로젝트가 완성되지 않았거나 성과로 이어지지 않았다면 이력서에 자신 있게 쓸 만한 경력이 없는 것이 현실이다.

그래서 많은 사람들이, 그리고 나 자신도, 끝까지 프로젝트를 마무리하고자 했다. 하지만 경험해보니 돌아보면, 임금이 체불되었을 때 선택지는 명확하다. 이직, 퇴사, 또는 휴직. 그 셋 중 하나를 택하는 것이 정신 건강을 지키는 길이다. 연차가 있다면 장기 휴가를 떠나는 것도 괜찮다. 중요한 건 정신이 무너지기 전에 떠나는 것이다. 피하거나 도망치는 것이 비겁한 일이 아니다. 오히려 스스로를 지키는 용기다.

임금체불은 인생을 흔든다. 정신적으로 무너지면 삶의 의욕마저 잃게 된다. 체불이 길어질수록 회사는 점점 텅 비어간다. 매일 누군가는 퇴사 소식을 전하고, 누군가는 말없이 떠난다. 사회초년생은 카드값과 월세를 걱정하며 부모님의 도움을 받을까 말까 고민한다. 가장인 동료는 가족에게 사실을 말하지 못하고 홀로 끙끙 앓는다. 결국 생계를 위해 대리운전, 일용직 아르바이트를 찾는 사람도 생긴다.

한 달치 급여가 밀린 일은 누군가에게는 '견딜 수 있는 일'처럼 보일지 모른다. 하지만 매일 퇴사 소식을 듣고, 남아 있는 동료들의 깊은 한숨을 마주하는 일은 누구에게나 버거운 경험이다. 시간이 지나 체불이

두세 달로 이어지면, 아예 출근을 포기하는 사람도 생긴다. 출근을 하더라도 마음이 무겁고 집중은 흐트러진다. 일의 효율은 급격히 떨어지고, 성과는 물론 책임감마저 점점 희미해진다.

결국 남은 선택지는 이직 준비나 퇴사 결심이다. 남아 있는 시간 동안 동료들과 나누는 대화는 '언제쯤 돈이 나올까', '계속 버텨야 할까' 같은 무거운 이야기로 채워진다.

임금체불의 후유증은 오래간다. 퇴사 후에도 체불된 임금과 퇴직금은 간단히 해결되지 않는다. 고용노동부를 통해 형사고소를 진행하고, 민사소송은 별도로 개인이 해야 한다. 처음 겪는 사람에게는 절차도 낯설고 심리적으로도 큰 부담이다. 한때 함께했던 회사와 그 대표를 고소한다는 것 자체가 고통스럽다. 하지만 임금을 받지 못한 상태로 퇴사했다면, 이 과정은 피할 수 없는 선택이다.

무엇보다 이 후유증은 오래간다. 심지어 은퇴를 해도 '못 받은 돈'은 마음속 깊은 곳에서 사라지지 않는다. 시간이 흘러도 여전히 미지급된 4대 보험은 채권처럼 따라다닌다. 대표는 종종 형사책임을 피하기 위해 소액이라도 분할 지급을 약속한다. 하지만 국민연금 등은 항상 마지막에나 해결되며, 이 과정은 몇 년이 걸릴 수도 있고, 아예 회수하지 못할 가능성도 존재한다.

임금체불이 발생한 그 순간부터, 선택의 기로에 선다. 현실에서 어쩔 수 없이 겪게 된 이 고통의 시간을 견딜 것인가, 아니면 스스로를 위해 결단을 내릴 것인가. 이처럼 예상치 못한 위기가 올 때 선택은 나에게 달려 있다. 그리고 이 선택은 삶의 무게를 가늠하고, 다시 일어설 수 있는지를 결정짓는 중요한 분기점이 된다.

결국 임금체불과 같은 예상치 못한 위기는 단순한 금전적 손실을 넘어, 삶의 방향과 선택을 재점검하게 만드는 계기가 된다. 중요한 것은 이때 스스로를 지킬 수 있는 용기다. 단순히 버티거나 참는 것이 능사가 아니다. 자신의 정신과 삶을 지키기 위해 과감하게 이직하거나 퇴사, 혹은 일시적인 휴식을 선택하는 것이 충분히 현명한 판단이다.

이 과정에서 우리는 '선택의 중요성'을 다시 한번 깨닫는다. 누구도 대신해 줄 수 없는 선택이며, 그 선택이 미래의 삶과 경험, 성장에 직접적인 영향을 준다. 임금 체불이라는 위기는 불행이지만, 이미 벌어진 일이라면 그 과정을 통해 스스로 더 단단해지고, 나를 한층 강하게 성장시킬 수 있다.

결국, 삶을 흔드는 순간마다 중요한 것은 피하지 않고, 정확한 상황을 읽고, 자신에게 필요한 선택을 하는 능력이다. 고통스러운 상황 속에서도 스스로를 지키고, 더 나은 길로 나아가기 위해 용기 있게 결단하는 것. 이것이 바로 직장 생활을 넘어 인생 전반에서 성장과 회복력을 쌓는 방법이다.

일은 했는데, 인생이 흐려졌다

일을 오래 했다고 해서 반드시 무언가가 남는 것은 아니다. 돌아보면 남는 건 지나간 세월, 축적된 나이, 예전 같지 않은 몸 상태, 그리고 간당간당한 통장 잔고일지도 모른다.

사회생활이란 결국, 돈을 벌면서 동시에 돈을 쓰는 일이다. 식대, 교통비, 통신비, 주거비, 품위 유지비까지, 우리는 하루하루를 돈을 지출하며 살아간다. 더 많이 벌면 더 많이 쓰게 되고, 자연스럽게 지출 기준도 올라간다. 그 구조에 익숙해지는 동안, 정작 '얼마나 모았는가'보다는 '얼마나 더 버틸 수 있는가'가 중요한 삶이 되어버린다.

가정을 꾸린 사람이라면 수입의 대부분은 가족을 위해 써야 하고, 부모님의 지원 없이 시작한 사람이라면 버는 족족 기본적인 생존에 써야 한다. 신입 초봉이 운 좋게 5천만 원이라 해도, 의식주와 고정비, 예상치 못한 변동비까지 고려하면 천만 원이라도 남기면 다행이다.

3년 차에 차를 사고, 5년 차에 조금 더 넓은 전세 집으로 이사하며, 점점 결혼, 육아, 부모님 부양이라는 삶의 추가 과제가 기다린다. 그때부터는 '얼마나 벌었느냐'보다 '어떻게 살아남느냐'가 중요해진다. 이런 삶은 어쩌면 '성공적인 소모의 연속'일지도 모른다.

10년 동안 이직 한 번 없이 한 회사에서 버틴다면, 요즘 같은 시대에선 매우 드문 일이다. 그만큼 우리는 계획한 삶보다 흘러가는 삶을 살고 있는 경우가 많다. 하지만 현실은 대개 그렇게 이상적이지 않다. 어쩔 수 없는 이직, 회사 사정에 따른 휴직, 예상치 못한 건강 문제, 가족 돌봄, 해결되지 않은 금융 문제 등은 예고 없이 다가와 삶의 균형을 흔들어 놓는다. 그때마다 삶은 자꾸만 흐릿해진다. 불안함은 늘었지만, 삶은 선명해지지 않는다.

반면에 하루 벌고 하루 살아가는 삶에도 충분히 만족을 느끼는 사람들이 있다. 하지만 10년을 일하고도 여전히 불안하고 허무하다면, 그것은 우리가 처음부터 너무 큰 그림을 그렸기 때문일지도 모른다. 어쩌면 '현실적인 적당함'을 인정하지 못하고, 계속 더 나은 이상적인 미래만 좇은 대가인지도 모른다.

시간은 흘렀고, 나 역시 열심히 살아왔다. 회사에서 맡은 일은 묵묵히 해냈고, 야근도 불만 없이 감내했다. 출근할 때마다 '오늘 하루만 버티자'는 마음으로 하루하루를 이어갔고, 그 하루가 쌓여 1년이 되고, 3년, 5년, 그리고 어느덧 10년이 넘었다. 멈춰서 돌아보면, 대부분 손에 남은 것이 무엇인가. 집은 대출로 마련하고, 차는 할부다. 통장 잔고는 월급날 직전마다 바닥을 친다. 몸은 예전보다 피로를 쉽게 느끼고, 때로는 병원 갈 시간조차 여유롭지 않다.

우리는 계속 달려왔지만, 어디로 가고 있었는지조차 모를 때가 많았다. "왜 일하고 있는가?" 이 단순한 질문에 답할 수 없을 때, 그 일이 나를 소모시키고 있다는 신호다. 처음에는 '돈을 벌기 위해'라고 생각했지만, 어느 순간부터 그 돈은 내 삶을 더 나아지게 하기 위한 수단이 아니라, '당장 오늘을 버티기 위한 최소한의 단위'가 되어 있다.

사회에서는 아프면 안 된다. 실수해서도 안 된다. 누구나 쉽게 대체될 수 있다는 불안 속에서 조용히 긴장하며 살아간다. 퇴근 후 시간도, 주말도 완전한 쉼이 되지 못한다. 늘 미래를 준비하느라 현재를 살지 못하고 있는 것 같다.

가끔은 이런 생각도 든다. "이렇게까지 버텨온 삶이, 고작 한 번의 건강 문제나 예기치 못한 사고 하나로 무너진다면, 나는 대체 무엇을 위해 살아온 걸까?" 그때 밀려오는 감정은 허무함을 넘어, 공포에 가깝다.

큰 사고 없이 잘 살아왔기에 어느 순간 불안은 더 커질 것이다. "나는 과연 이 일을 40대, 50대까지 지속할 수 있을까?" 과거엔 나이 들면 자동으로 연봉이 오르고, 경력이 자연스럽게 인정받을 것이라 생각했다. 하지만 지금은 그 연봉조차 오르지 않거나, 더 젊은 사람들에게 자리를 내줘야 하는 시대가 되었다. 기대는 줄고, 불안은 늘고 있다.

내 친구나 지인들은 종종 말한다. "넌 알아서 잘 하잖아. 네 걱정은 사치야." 그 말에 관심이 없는 건 아니다. 그동안 스스로 잘 헤쳐 나온 걸 알기 때문이다. 어쩌면 나를 걱정하지 않는 것이 아니라, 걱정해도 해결 방법이 보이지 않아 그저 웃고 있을 뿐일지도 모른다.

꾸준히 살아온 삶은 분명 가치 있다. 하지만 그 꾸준함이 방향을 잃었을 때, 성장이 아니라 소모로 느껴질 수 있다는 것을 이제는 안다. 그래서 조금 다르게 살아보는 것이 맞지 않을까. "더 나아져야 한다"는 강박보다, "지금 괜찮은가?"라는 질문을 삶의 중심에 두자.

완벽함보다는 적당함, 이상보다는 현실, 남들에게 잘 보이기보다는, 나에게 정직하게 살아 보자.

몸이 보내는 작은 신호들

소화 불량은 직장인이라면 누구나 한 번쯤 겪어봤을 것이다. 하지만 잠깐 겪고 지나가는 것이 아니라, 몇 달, 몇 년씩 반복되면 이야기는 달라진다. 처음에는 "요즘 조금 과식했나 보다", "뭐 잘못 먹었나" 하며 대수롭지 않게 넘긴다. 그러나 어느새 병명은 '만성 위염'이나 '역류성 식도염'으로 바뀌어 있다. 야근이 잦아 늦은 밤에 저녁을 먹거나, 귀가 후 피곤한 몸을 달래려 야식을 먹고 곧장 잠드는 생활은 몸속에 부담을 주는 지름길이다. 아침에 일어나도 속이 더부룩하고 목구멍까지 위산이 치밀어 오르는 날이 이어지면, 하루의 시작부터 기운이 빠진다.

스트레스가 몰려올 때 가장 먼저 반응하는 것은 소화기관이다. 신입 시절, 나는 스트레스성 장염에 걸려 하루에도 수십 번 화장실과 책상을 오가며 일을 해야 했다. 그때 선임은 "자리에 없네"라며 짜증을 냈고, 연차를 쓰면 "갑자기 왜 쉬냐"는 말을 던지곤 했다. 그 이후로는 여행 중에도 길거리 음식을 쉽게 손대지 않는다. 아니, 아예 먹지 않는다. 서서 허겁지겁 먹는 것 자체가 탈이 날 것 같아 부담스럽기 때문이다. 점점 악화된 소화기관은 내가 뻔히 소화를 못 시킬 것을 알기에, 이제는 조용하고 편안한 자리에서 천천히 먹어야만 속이 편하다. 동료와 함께

하는 점심조차 미리 양해를 구하고 천천히 먹어야만 겨우 소화가 된다.

소화기관만 경고를 보내는 건 아니다. 하루 종일 컴퓨터 앞에 앉아 있는 직장인은 손목과 어깨, 목이 먼저 신호를 보낸다. 처음에는 뻐근함을 느끼며 돌려보고 주물러도 보고, 마사지를 받기도 한다. 하지만 증상이 악화되면 고급 마우스로 바꿔 보거나 반대손을 사용해 보기도 한다. 나는 그래도 악화되어 병원에 갔더니, 손목에 주사를 맞아도 잠깐뿐이며 결국 사용을 줄이는 것이 유일한 해결책이라는 말을 들었다.

시력도 마찬가지다. 어릴 적 1.5였던 시력은, 모니터 속 데이터와 깨알 같은 글자를 매일 읽고 확인하는 업무를 거듭하며 서서히 안 좋아졌다. 스마트폰의 영향도 있겠지만, 과도하게 화면을 응시하는 업무 환경이 결정타였다. 수술을 해도 같은 환경에서 계속 일한다면 다시 나빠질 게 뻔했다.

머리 역시 때때로 강하게 항의한다. 극심한 두통이 예고 없이 몰려오고, 어지럼증이나 구토가 함께 동반되는 날이 있다. 업무가 몰린 날은 퇴근까지 버티느라 남은 에너지를 끝까지 쥐어짜지만, 집으로 돌아오는 길은 흐릿한 기억 속에서 겨우 발걸음을 옮긴다. 동료들이 "괜찮아요?", "어디 아픈 거 아니에요?" 하고 걱정스레 묻는 순간마다, '아, 내가 정말 많이 지쳤구나'라는 생각이 스친다.

이런 신호들은 단순히 체력이 부족해서 오는 문제라면 운동으로 해결할 수 있었을 것이다. 나 역시 나이가 들수록 체력 관리를 위해 PT를 주 2~3회 꾸준히 받았다. 웨이트와 유산소 운동, 식단 관리까지 챙겼지만, 업무로 인한 피로와 긴장감은 근육량이나 심폐 지구력으로는 메울 수 없었다. 회사에서 쏟아낸 에너지와 압박감이 몸 구석구석에 쌓여, 회복할 틈을 주지 않았기 때문이다.

대부분의 직장인은 이런 신호를 '그냥 피곤해서 그러겠지' 하고 넘긴다. 하지만 몸이 보내는 경고는 처음엔 아주 조용하다. 식욕이 줄거나, 평소보다 잠이 잘 안 오거나, 주말 내내 쉬어도 피로가 풀리지 않는 정도일 수 있다. 이 신호를 무시하면 경고는 점점 집요해지고, 통증이나 불편감이 습관처럼 자리 잡는다. 가벼운 증상이 만성 질환으로 굳어지고, 그 질환은 평생 따라다니는 꼬리표가 된다.

직장인이 미리 체크해야 할 신호는 의외로 단순하다. 아침에 눈을 떴는데 이미 피곤하다면, 주말에도 회복이 되지 않는다면, 한 달에 두 번 이상 원인 모를 두통이 반복된다면, 평소 먹던 음식이 부담스럽게 느껴진다면, 그건 이미 몸이 '멈춰 달라'고 말하는 것이다. 여기에 이유 없이 심장이 두근거리거나 숨이 차는 증상까지 동반된다면, 더 이상 미뤄서는 안 된다. 그건 병원으로 가야 한다는 분명한 신호다.

그리고 어느 순간 깨닫게 된다. 내가 생존을 위해 다니던 직장이, 언제부턴가 내 생존을 위협하는 공간이 되어버렸다는 사실을. 결국 '여기서 버티는 것'과 '건강을 지키는 것' 중 하나를 선택해야 하는 순간이 온다. 어렵게 들어간 직장이라 해도, 몸을 무너뜨리면서까지 지켜야 할 이유는 없다. 회사는 내 병을 책임져주지 않고, 회복되지 않은 몸은 다음 기회를 붙잡을 힘조차 주지 않는다.

멈추는 것은 패배가 아니다. 오히려 몸이 보내는 작은 신호를 일찍 알아차리고, 그 신호를 인정하는 것이 진짜 용기다. '잠시 멈춤'이란 선택은 나를 잃지 않기 위한 가장 적극적인 행동이다. 건강을 되찾고 나면, 멈춤이란 선택이야말로 내 커리어와 삶을 끝까지 지켜준 가장 강력한 무기였음을 깨닫게 된다.

병을 얻기 전에 멈춰야 할 일들

　직장 생활을 하다 보면 상식적으로는 이해하기 어려운 일들이 종종 일어난다. 규정이나 법을 무시하거나, 기본적인 윤리를 지키지 않는 사람들이 나타나기도 한다. 안타깝게도 이런 경우 대부분은 리더 위치에 있는 사람들인데, 정작 본인은 그 행동을 대수롭지 않게 넘기곤 한다. 대부분의 리더는 인사와 평가를 담당하기 때문에, 그들의 부당한 태도에 대응하기는 사실상 쉽지 않다.

　학교폭력이 학교가 존재하는 한 없어지지 않듯, 직장 내 괴롭힘 또한 완전히 사라지기는 어려울 것이다. 리더가 퇴근 직전에 업무를 지시하고 다음 날 오전까지 완성하라고 말할 때, 그 말은 사실상 퇴근하지 말라는 뜻이다. 심지어 리더가 해야 할 수준의 업무를 부당하게 지시받기도 한다. 그 일은 나의 능력 밖일 수도 있고, 설령 시도하더라도 리더가 원하는 수준의 결과를 내기 어렵다. 결과적으로 해도 문제, 안 해도 문제인 상황에 놓이게 된다.

　부당한 업무 지시와 잘못된 인사 평가는 직접적인 타격으로 이어진다. 여기에 가스라이팅, 따돌림, 고립을 유도하는 분위기까지 겹치면 버티기조차 어려워진다. 이런 상황에서 단순히 '일만 잘하면 된다'는 말은 아무 의미도 없다. 오히려 동료들의 시기심을 불러일으키거나 리더보다 돋보여 괜한 미움을 사는 일이 더 잦다. 본연의 업무 외에도 끊임없이 '상황에 맞는 적당함'을 계산해야 하니, 몸도 마음도 쉽게 지치게 된다.

대개 악의를 가진 사람, 혹은 자신이 잘못하고 있다는 자각조차 없는 사람에게는 논리도 통하지 않는다. 스마트폰을 들이밀고 "이건 전화기야."라고 설명해도 "그건 냉장고야."라고 우기면 대화는 단절된다. 상식이 통하지 않는 사람과는 협업도 소통도 불가능하다. 더욱 안타까운 것은, 이런 부류의 사람들이 점점 늘고 있다는 점이다.

문제는 이런 상황들이 하나의 사건으로 끝나지 않는다는 것이다. 이런 사람들과 계속 부딪히며 지내는 동안, 나도 모르게 내 자존감은 깎이고, 에너지는 고갈되며, 무력감이 깊어진다. '내가 부족해서 이런 걸까?', '내가 너무 예민한 걸까?'라는 생각이 들 때면 이미 마음은 병들어 있다.

과도한 업무, 부조리한 인간관계, 부당한 처벌과 평가 속에서 스트레스는 차곡차곡 쌓인다. 그 과정에서 정작 자신의 건강은 돌보지 못한다. 결국 우리는 시간과 생명을 맞바꾸며 병을 얻는다. 소화불량은 직장인의 일상이고, 공황장애 역시 겉으로는 드러나지 않지만 흔하게 나타나는 정신적 질병이다.

나 역시 그런 병을 겪었다. 휴가를 내어 혼자 해외여행 중이었다. 잠깐 회사 메신저를 확인했을 뿐인데, 갑작스러운 호흡곤란이 찾아왔다. 이전에도 가벼운 증상이 있었지만, 그날은 달랐다. 낯선 땅에서 혼자였기에 더욱 두려웠고, 결국 병원을 찾아갔더니 공황장애 진단을 받았다.

대부분의 사람들은 정신과 진료를 쉽게 결심하지 못한다. 그 이유는 단순히 치료 과정에 대한 두려움만이 아니다. 아직도 많은 사람들은 정신과를 찾는 것 자체를 '이상하다'거나 '문제가 심각하다'는 낙인으로 여긴다. 심리적 고통이 육체적 질환처럼 자연스럽게 받아들여지지 않다 보니, 병을 더 키우면서도 끝까지 혼자 버티려는 경우가 많다.

나의 경우 공황장애가 있었지만, 다른 사람들에게 직접적인 피해를 준 적은 없었다. 이 사실을 일부러 주변에 알렸고, 그 과정에서 나에게 가식적으로 다가오던 관계들이 자연스럽게 정리되었다. 정기적으로 연락을 주던 사람들, 생일이면 선물을 챙기던 사람들도 서서히 사라졌다. 내가 그들에게 피해를 준 것도 아닌데, 왜 먼저 나를 피했을까? 아마도 그 순간부터 나는 그들의 기준에서 '쓸모 있는 사람'이 아니게 되었기 때문일 것이다.

가식적인 관계는 떠났지만, 진심 어린 위로와 공감은 남았다. 내게 자신도 공황장애를 겪었다고 고백하며 용기 내어 다가온 사람들도 있었고, 생각보다 많은 이들이 같은 고통을 겪고 있었다. 나는 반년 만에 회복했고, 완치 판정을 받았다. 나 스스로 정신적 고장을 인식하고, 그에 대한 대응 방법도 알고 있었기에 가능했다.

나는 나름대로 회복의 기술을 알고 있었다. 가장 먼저 한 일은 '내가 잘못해서가 아니라, 부조리한 구조 속에서 병든 것'임을 인정하는 것이었다. 두 번째는, 아무렇지도 않던 순간에 갑자기 최악의 상황이 머릿속에 그려지며 호흡이 가빠지면 안 좋은 생각에 휘말리지 않도록 의식적으로 좋은 생각을 떠올리거나, '아무 일도 일어나지 않을 거야'라고

나 자신을 안심시켜야 한다. 마지막으로는 '도움을 요청하는 데 죄책감을 느끼지 않는 것'이었다. 위험한 상황이 닥쳤을 때, 반드시 누군가는 나를 도와줄 거라는 믿음도 중요했다. 이런 방법들이 회복에 큰 도움이 되었고, 덕분에 나는 비교적 빠르게 안정을 되찾을 수 있었다. 모든 사람이 같은 속도로 회복할 수 있는 것은 아니다. 나와 비슷한 상황을 겪고 있는 사람들을 볼 때마다 마음이 아프다. 그들에게 조언은 했지만, 결국 정신의 상처는 본인이 극복하지 않으면 아무도 대신해줄 수 없다.

병을 얻지 않고 직장생활을 이어가는 방법은, 결국 각자의 선택이다. 나 역시 아직 완벽한 해답을 찾지는 못했다. 다만, 정서적 교류를 포기하고 AI처럼 기능적으로만 살아간다면, 즐거움은 없을지라도 조금 더 버티는 데는 도움이 될 것이다. 그조차 힘든 사람도 있을 테고, 버티는 것이 능사가 아니라는 생각도 있다.

때로는 회사를 나와야 살 수 있는 사람도 있다. 때로는 멈춰야 다시 걸을 수 있는 사람이 있다. 사회는 언제나 '이겨내야 한다'고 말하지만, 꼭 이겨내지 않아도 괜찮다. 살아남았다는 사실만으로도 충분히 잘한 것이다.

전쟁 같은 삶

하루하루를 전쟁 같은 삶을 살다 보면, 어느 순간 예고 없이 공포와 두려움이 밀려오는 공황발작과 공황장애를 겪게 되는 사람들이 많아진다. 나 또한 앞서 언급했듯 공황장애를 경험한 바 있다. 사회가 점점 불안정해지고, 개인이 감당해야 할 책임과 부담이 커지는 현실 속에서, 이러한 증상은 더 이상 낯설지 않다.

공황장애 중에서도 내가 가장 두려워했던 증상은 호흡곤란이었다. 이유 없이, 혹은 사소한 자극으로도 갑자기 숨이 막히는 것 같은 느낌이 들며 극도의 공포심이 밀려온다. 특별한 이유 없이 평범하던 상황이 한순간에 무섭게 변해버린다. 돌이켜 보면 이는 누적된 스트레스 위에 작은 무언가가 마지막 방아쇠처럼 작용한 결과였다. 결국 공황은 단순히 특정 사건의 문제가 아니라, 오랜 시간 쌓인 불안과 압박의 총합이었다.

언제부턴가 대부분의 사람들이 삶을 마치 끝없는 경쟁과 전쟁처럼 느끼며 살고 있다. 성공에 대한 압박, 경제적 불안정, 관계 속에서의 스트레스까지. 사회적인 지원이나 구조적인 변화가 필요하다고 느껴지지만, 그 변화가 실현되기까지 기다리다 보면 정작 개인의 삶은 이미 고통

속에 잠겨 있을 수 있다. 결국 우리는 개인의 방식으로 이 사회에 대처해야 한다.

지금 이 시대에 몸과 마음 모두 여유롭게 살아가는 사람은 극히 일부다. 많은 사람들이 예민하고 날이 서 있는 이유는 결국, 사회의 불안이 개인에게 그대로 전가되기 때문이다. 그럴수록 더욱더 생각의 유연함이 필요하다. "그럴 수도 있지", "그냥 그런가 보다"와 같은 태도는 무기력함이 아닌, 현실을 수용하며 자신을 보호하는 하나의 기술이다.

물론, 억울하거나 명백한 피해를 입은 상황에서는 법적인 방법으로 대응하는 것이 맞다. 다만 그 대응조차도 내 삶에 더 큰 스트레스를 줄 수 있다면, 감정에 휘둘리지 않도록 신중한 판단이 필요하다. 반드시 명확한 근거와, 감당 가능한 범위 내에서의 행동이어야 한다. 그렇지 않으면 문제를 해결하기 위한 선택이 또 다른 문제를 만들 수 있다.

나는 여행을 굉장히 좋아한다. 새로운 풍경과 문화, 그 속에서 타인의 시선을 덜 느끼며 잠시라도 자유로워지는 기분이 좋았다. 그런데 아이러니하게도, 공황장애 증상이 처음으로 심각하게 터진 곳이 여행지였다. 가장 좋아하던 공간에서 위기를 겪다 보니 그 후로 여행을 다시 가는 것이 쉽지 않았다. 좋아하던 취미마저 사라진다면, 전쟁 같은 일상에서 숨 쉴 수 있는 유일한 통로조차 닫혀버리는 셈이었다.

나는 포기하지 않고 여러 차례 다시 도전했다. 예약해둔 비행기표를 취소하기도 하고, 공항에서 돌아온 적도 있었다. 실패와 두려움을 반복했지만, 조금씩 반응을 보며 가까운 거리부터 다시 시도했다. 제주도, 일본, 동남아⋯ 그리고 결국 유럽까지, 공황장애 증상 없이 여행을 즐길 수 있게 되었다. 여전히 중간중간 불안이 찾아오지만, 그럴 때면 스스로에게 "아무 일도 없을 거야", "최악의 상황이 와도 괜찮아"라고 말하며 스스로를 다독였다. 두려움을 없애지 못해도, 수용하며 함께 가는 연습을 했었다.

어느덧 14년 넘게 일만 하며 살아왔다. 그렇게 쉼 없이 달려오다 보니 어느 순간 이제는 쉬어야 할 때라는 신호가 왔다. 지금은 인생에서 처음으로 긴 휴가를 보내고 있지만 중간중간 있었던 합격 취소와 사회적인 불안 요소들은 나를 불안하게 만들었다. 문득 "내가 다시 예전처럼 일할 수 있을까?"라는 생각이 들기도 한다. 가끔은 그런 내용의 꿈을 꾸기도 한다. 나도 모르게 마음 한구석에는 아직 불안이 자리잡고 있다는 증거다.

하지만 나는 이제 안다. 이 불안은 삶의 일부로서 받아들여야 하는 것이라는 걸. 일이 없어서 불안하고, 미래가 불확실해서 두렵지만, 그 또한 지나갈 것이다. 아직 과거처럼 독하게 사회에 도전하고 있지 않다. 과거에 겪었던 임금체불이나, 합격 취소를 쉽게 하는 기업보다 조금 더 나에게 맞는 무대를 찾고 있기 때문이다.

내 마음이 사회를 다시 받아들이고 사회가 다시 나를 받아들일 때까지, 나는 내 몫의 준비와 회복을 하며 기다리는 중이다. 서두르지 않고, 스스로를 다그치지 않으려 한다. 나에게 가장 필요한 건 내 삶의 속도에 맞춰 걷는 것이니까. 언젠가는 복귀할 테고, 언젠가는 다시 일하게 될 것이다. 아직은 이렇게 준비하고 기다리며 나에게 맞는 무대를 다시 찾는 것이 맞는 것 같다.

그리고 이 글을 읽고 있는 당신이 혹시 불안, 우울, 무력감, 공황의 증상으로 힘들어하고 있다면, 꼭 말해주고 싶다. 당신이 잘못된 게 아니다. 우리는 누구나 약해질 수 있고, 불안해질 수 있고, 때로는 무너질 수도 있다. 중요한 건 그 순간을 어떻게 받아들이고, 어떻게 회복해 나가느냐다.

불안하다면 억누르기보다는 차분히 들여다보자. "왜 이렇게까지 힘들까"라는 자책보다, "내가 지금 얼마나 힘들었는지"를 스스로 인정해주는 게 먼저다. 누군가에게 털어놓아도 좋고, 글로 기록해도 좋다. 만약 나처럼 여행을 좋아한다면, 가까운 곳으로 짧게 다녀오는 것부터 시작해보자. 중요한 건 억지로가 아니라, 좋아하는 것부터 다시 시도하는 것이다. 그렇게 일상 속에서 '불안을 다스릴 수 있다'는 작은 확신을 쌓아가는 것이 필요하다.

무엇보다 기억했으면 좋겠다. 삶이 늘 전쟁처럼 느껴지더라도, 그 안에 분명 작은 휴전은 존재한다. 그 순간을 놓치지 말고, 나만의 방식으로 지켜내자. 지금은 당신이 회복하는 시간이다. 쉬는 건 도망이 아니라 준비다. 아무것도 하지 않는 시간이 아니라, 다시 나아가기 위한 시간이다. 너무 조급해하지 말고, 무엇이 되지 않아도 스스로를 탓하지 말자. 당신은 이미 충분히 잘 버티고 있다. 버티는 것만으로도 대단한 일이라는 걸, 꼭 잊지 않길 바란다.

멈춤을 선택하는 용기

　회복의 첫걸음은 '지금 나의 상태'를 솔직하게 인식하는 것이다. 잠을 충분히 잤는데도 하루 종일 피곤하고, 주말이 지나도 피로가 풀리지 않으며, 예전보다 잦은 두통과 소화불량, 이유 없는 근육통까지 신체적인 변화로 확인하지 않아도 예전에는 설레던 일이 무겁게 느껴지고, 사소한 일에도 쉽게 짜증이 올라오며, 아무것도 하고 싶지 않은 날이 잦아진다면 그것은 단순한 기분 탓이 아니다. 주변 사람들과의 대화가 귀찮아지고, 작은 소리에도 예민해지며, 웃음이 줄어드는 것도 마찬가지다. 좋아하던 취미가 시들해지고, 새로운 계획을 세울 의욕조차 나지 않는다면, 멈춰야 할 이유는 이미 충분하다.

　멈춤이 어려운 이유는, 우리는 대체로 '달리는 법'만 배워왔기 때문이다. 어릴 때부터 끊임없이 앞으로 나아가야 한다고 배웠고, 멈추는 건 뒤처지는 것, 실패하는 것이라고 여겨왔다. 사회는 쉼을 '게으름'과 동일시했고, 멈춤이라는 단어는 용기보다 변명처럼 들리게 만들었다. 하지만 때로는 멈추는 것이야말로 가장 용기 있는 선택이다.

　나 역시 한때 멈춘다는 발상 자체가 두려웠다. '잠깐 쉬면 다시는 돌아가지 못할 것 같아서', '경쟁에서 완전히 밀려날 것 같아서' 발버둥쳤다. 그러나 몸과 마음이 한계에 다다르면, 그 불안은 더 이상 가정이 아니라 현실이 된다. 그 순간 계속 달리는 것은 오히려 더 큰 위험이다. 마치 고장 난 브레이크로 내리막길을 달리는 자동차처럼, 방향을 잃고 더 빠르게 망가질 뿐이다.

멈춤은 도망이 아니다. 그것은 내 몸과 마음의 상태를 직시하겠다는 선언이며, 더 오래 달리기 위해 숨을 고르는 선택이다. 중요한 건 '왜 멈추는가'와 '멈춘 시간에 무엇을 할 것인가'다. 단순히 멍하니 시간을 보내는 것이 아니라, 회복과 재정비를 위한 의도적인 준비의 시간이 되어야 한다.

그 시간 동안 스스로에게 묻는다. 지금까지 무엇을 위해 달려왔는가? 진정으로 하고 싶은 것은 무엇인가? 다시 시작한다면, 어떤 방식으로, 누구와 함께 일하고 싶은가? 답은 쉽게 나오지 않는다. 오히려 한동안은 아무것도 확신할 수 없다. 그러나 그 모호함조차 견뎌야 한다. 불확실함을 버티는 힘 역시 회복의 일부이기 때문이다.

멈춤이 주는 가장 큰 선물은 '시야가 넓어진다'는 것이다. 달릴 때는 눈앞의 길만 보이지만, 멈추면 주변 풍경이 보인다. 나를 지탱해주는 사람들, 잊고 있던 취미, 그동안 미뤄뒀던 소소한 즐거움들이 서서히 다시 빛난다. 이런 것들이 마음의 에너지를 조금씩 채운다. 그러다 어느 날, 예전처럼 무리하지 않아도 내 마음이 말해준다. "이제 다시 시작해도 괜찮아."

지금 멈춰 있다면, 혹은 멈추고 싶은 마음이 든다면, 그것을 부끄러워하지 않기를 바란다. 멈춤은 패배가 아니라 선택이며, 선택은 주도권이 있는 사람만이 할 수 있는 특권이다.

많은 사람들이 병을 얻고 나서야 멈춘다. 그러나 회복은 '응급 처방'이 아니라 '유지 기술'이어야 한다. 매일 조금씩 에너지를 채우는 습관은 결국 큰 병이나 번아웃에서 나를 지켜준다. 무리해서 달리는 것보다, 천천히 오래 걷는 것이 더 멀리 가는 법이다. 언젠가 다시 달릴 때, 지금보다 훨씬 단단해져 있을 것이다. 그리고 그 단단함은 오직 '멈춤을 선택한 용기'에서 비롯될 것이다.

5장

*

선택하는 삶으로 가는 길

겸업은 선택이 아닌 준비다

대한민국 헌법이나 근로기준법 어디에도 겸업을 명시적으로 금지하는 조항은 없다. 직업 선택의 자유가 보장되어 있으므로, 원칙적으로 겸업은 불법이 아니다. 하지만 현실은 다르다. 대부분의 회사는 사내 규정으로 겸업을 제한하거나 금지하고 있으며, 아예 근로계약서에 겸업 금지 조항을 삽입하는 경우도 많다. 공무원은 국가공무원법에 겸업 금지 조항도 있다. 이는 겸업으로 인해 국가의 업무에 전념하지 못하게 되거나, 사익과 공익이 충돌할 가능성이 있다는 우려 때문이다. 공무원도 예외 규정은 있다. 직무와 관련이 없고 공무에 지장을 주지 않는 경우 저술, 강연, 연구 등 지식활동은 허가를 받으면 가능하다.

물론 회사도 겸업이 우려스러운 이유도 이해는 된다. 직원이 겸업에 과하게 몰두하면 업무 집중도가 떨어질 수 있고, 회사의 노하우가 외부로 흘러나갈 수 있다는 걱정도 있다. 하지만 그렇기에 더욱 '투명성'과 '신고 절차'를 통해 건강한 겸업 문화를 만들어 가는 것이 중요하다.

특히 IT, 콘텐츠 업계는 정보 보안과 기획 아이디어 유출 등의 민감한 사안이 많아 겸업에 더욱 민감하다. 하지만 개인의 성장과 생존 관점에서 본다면, 겸업은 때로는 하나의 생존 전략이 될 수 있다.

최근에는 도서 출판이나 강연뿐만 아니라, 온라인 클래스 개설, 쿠팡 파트너스 같은 제휴 마케팅, 전자책 제작, 나만의 디지털 굿즈 판매 등 다양한 방식의 겸업이 가능해졌다. 꼭 대단한 기술이 필요하지 않더라도 나의 경험을 정리해 콘텐츠화하거나, 소소한 관심사를 수익화하는 방식도 있다. 중요한 건 '돈이 되는 일'보다 '지속 가능한 일'에 무게를 좀 더 두어 찾는 것이다.

나 역시 글을 쓰고, 강연을 하며, 투자를 한다. 모두 회사 업무 외의 시간에 진행하는 일이다. 처음에는 단순히 내가 힘들게 공부하여 얻은 기술들을 정리하여 공유하고 싶어 책을 썼고, 학계에 있었다 보니 자연스럽게 특강 요청이 들어왔다. 기술 서적을 출판하고는 더욱 많은 특강 요청이 들어왔다. 회사 입사 시, 특강 활동은 사전에 허락받은 조건 중 하나였다. 나는 강연이나 외부 활동이 생기면 회사에 알리고, 업무 시간 외나 연차를 활용해 참여했다. 그 정도로도 충분히 양립은 가능했다.

하지만 어느 날, 연봉협상 후 다시 작성한 근로계약서를 보던 중 눈에 띄는 문구가 있었다. '겸업 금지' 조항이었다. 더 놀라웠던 건, 동료들 중에는 그 조항이 없는 사람이 대부분이었다는 사실이다. 나만을 향한 조용한 견제처럼 느껴졌다. 물론, 다른 의도가 있는지 의심은 했지만 여전히 겸업 관련 활동을 지속했다. 회사에 직접적인 해를 끼치지 않으며, 오히려 회사의 이미지를 알리는 기회로도 삼고 있다. 강연 자리에서 내가 일하는 게임 회사에 대해 언급하고, 해당 산업에 대한 긍정적인 이야기를 전한다. 나는 회사 자료를 활용하지 않는다. 모두 내 경험과 내가 직접 만든 콘텐츠로만 구성된 이야기다.

겸업이 항상 수월한 건 아니다. 때로는 '왜 그런 걸 하냐'는 핀잔이나, '일은 제대로 하고 하냐'는 시선을 받기도 한다. 하지만 지금 우리는 단 하나의 직업, 단 하나의 회사만 믿고 버티기엔 너무 불안한 시대를 살고 있다. 지금의 겸업은 보험과도 같다. 실직이나 휴직, 경력 단절 같은 '예기치 못한 변수'가 생겼을 때 당황하지 않고 살아남을 수 있는 기반이 된다. 직업이 아닌 능력으로 먹고살 수 있는 경험은, 어떤 환경에서도 스스로를 지킬 수 있게 해준다. 사회가 불안정하면, 직업도 불안정하다. 평생직장이라는 개념은 이미 옛말이 되었다.

겸업은 단순히 '돈을 더 벌기 위한 수단' 그 이상이다. 낯선 사람들과의 협업, 전혀 다른 분야에서의 실패와 도전, 그 안에서 얻는 감정과 통찰은 본업에서 경험하지 못한 또 다른 성장이다. 오히려 겸업을 통해 얻게 되는 새로운 관점은 본업에도 신선한 자극이 된다. 외부 강연에서 만난 타 업계 전문가들의 질문이나 의견은 내가 하는 일에 대한 사고 방식을 확장시켜 주었고, 투자 경험은 프로젝트 리스크를 평가하는 눈을 키우게 했다. 겸업은 본업을 방해하는 것이 아니라, 장기적으로는 시너지를 만드는 도구가 될 수 있다. 새로운 일에 도전하면서 내가 어떤 사람인지 더 선명히 알게 된다. 한 사람의 노동자이자, 창작자이며, 말하는 사람으로서의 나를 마주하는 일이다.

다른 방법은 꾸준한 재테크도 있다. 재테크는 평소에도 일을 하며 할수 있다. 다만 재테크 역시 많은 공부가 필요하다. 본인이 전공하고 주로 일로 잡은 분야만큼 그 이상 시간을 투자하여 공부해야 한다. 하지만 대부분 짧은 지식으로 과감하게 투자하여 안 좋은 결과를 얻는다. 재테크도 성격에 따라 결과가 달라진다. 감정 기복이 크고, 매사에 일 희일비하며, 신중하지 못하거나 본인이 판단하지 않고 타인의 말에 쉽게 흔들리는 사람에게는 단기 투자나 고위험 투자는 적합하지 않다. 스스로 판단하는 능력이 부족하다면, 안정적인 금융상품이나 자동화된 투자 방식을 고려하는 편이 낫다. 무엇보다 중요한 것은 자신에게 맞는 재테크 방식을 찾는 것이다. 본인의 성격, 생활 패턴, 자금 규모에 맞는 전략을 세우면, 적은 자본이라도 소소한 수익을 꾸준히 낼 수 있다.

회사 일과 무관한 블로그 운영, 유튜브, 작가 활동, 강연 등은 비영업적이고 경쟁 관계가 아니라면 대체로 허용된다. 특히나 야근, 주말 근무, 상시 대기를 요구하는 비정상적인 근무 환경 속에서 우리는 업무 외의 시간을 어떻게 쓰는지가 점점 더 중요해졌다. 그저 쉬기만 하는 것도 중요하지만, 미래를 준비하는 시간으로 사용할 수 있다면 더 좋다.

나 역시 메인 잡을 잃었을 때 그 시간 동안 책을 읽고, 글을 쓰고, 투자를 하며 스스로를 붙잡았다. 아주 가끔은 특강도 했지만, 그조차 나에겐 큰 에너지를 요구하는 일이었기에 의도적으로 줄였다. 중요한 건, 그럼에도 내가 멈추지 않았다는 사실이다. 그 경험들이 결국 내가 다시 설 자리를 찾게 만든다.

처음부터 수익이 나지 않아도 괜찮다. 중요한 건 지금 당신의 이름으로 무언가를 시작하고 있다는 점이다. 작은 블로그 글 하나, 짧은 노션 페이지 하나라도 '스스로 해보는 경험'이 당신의 생존력을 키운다. 세상은 점점 더 불확실해지겠지만, 겸업은 그런 환경 속에서도 스스로의 중심을 지킬 수 있는 하나의 방법이 된다.

하나의 직업에만 의존하지 마라. 직업은 우리 삶의 일부일 뿐, 전부는 아니다. 나는 지금도 책을 쓰고, 특강을 하고, 투자를 한다. 모두가 나처럼 해야 한다는 말은 아니다. 다만 당신도 '하나 더'의 삶을 고려해보면 좋겠다. 언젠가 회사를 잃더라도, 스스로를 잃지 않기 위해서다.

한 길만 고집할 수 없는 이유

하나의 전문성 있는 직업만 고집해 살아남기에는 가능성이 너무 좁다. 한 직업으로 평생을 버티려면 그 분야의 상위 1%에 들어야 하지 않을까? 직급과 직책의 구조만 봐도 알 수 있다. 대리보다 과장이 적고, 과장보다 차장이 적다. 팀장은 한 명뿐이고, 임원은 더욱 드물다.

처음 직장을 구할 때를 떠올려보자. 전문성을 확보한 일부 상위 대학 출신들을 제외하면 대부분은 "어디든 들어가기만 하자", "어떤 회사든 취업만 하자"는 태도로 현실에 맞춰 선택한다. 당장의 생존 위기를 넘기기에는 도움이 되지만, 그 결정이 곧 평생직업이나 안정적인 직장으로 이어지기는 어렵다. 단기적인 생존은 확보할 수 있어도, 장기적인 커리어 안정성과 삶의 질은 전혀 다른 문제다.

우리 사회도 이제 일본처럼 '평생직장'의 개념이 점점 희미해지고 있다. 한 직장에서 정년까지 일하는 시대는 사실상 끝났다. 많은 기업들이 여전히 자본도 충분하고 미래 비전도 명확하지만, 직원이 40~50대에 접어들면 '희망퇴직'이라는 이름의 선택지를 자연스럽게 제시한다. 문제가 있어서가 아니라, 구조적으로 그렇게 흘러가는 것이다. 특별히 잘못한 일도 없는데도, 거액의 보상을 받고 퇴직을 선택할지, 아니면 남아서 눈치를 보며 버틸지를 고민해야 하는 상황에 놓인다. 운이 좋다면 퇴직금 외에 여유 있는 보상을 받아 당분간 생계를 이어갈 수 있다. 그러나 현실적으로는 고작 한두 달치 월급을 얹어주는 수준에 그치는 경우가 많다. 겉으로는 '자발적 퇴직'이라 포장되지만, 실상은 기업이 비용 효율을 위해 연봉 부담을 줄이는 구조적 선택일 뿐이다.

사회는 청년 일자리 확대를 강조하고, 기업은 고연차 직원에게 높은 연봉을 지급해야 하니 일정 수준의 보상을 주고라도 인력을 교체하는 것이 유리하다고 판단한다. 결국 이는 일자리의 총량 자체가 부족하다는 구조적 문제를 반영한다. 만약 사회에 일할 사람을 절실히 필요로 한다면, 고령이든 신입이든 적극적으로 채용하고 유지하려 할 것이다. 하지만 지금은 그 반대다.

퇴직 이후 다수는 기존의 경력과 전문성을 살려 동종업계로 이직을 시도한다. 하지만 기업 입장에서는 '경력자에게 맞는 자리는 한정적'이고, 연봉이나 직급에서 타협을 요구하는 경우가 많다. 경력자 입장에서는 이를 쉽게 받아들이기 어렵다. 이직이 여의치 않으면 결국 모아둔 자금을 바탕으로 창업을 고려하게 된다. 관심 있는 업종을 탐색하고, 시장조사나 단기 체험을 거쳐 창업에 뛰어들기도 한다. 그러나 현실은 녹록지 않다.

창업 이후에는 예상치 못한 스트레스와 책임이 한꺼번에 몰려오며, 오히려 창업 전보다 몸과 마음이 더 지치고 불안정해지는 경우가 많다. 매출이 안정되지 않으면 매달 임대료, 인건비, 각종 고정비가 눈덩이처럼 불어나고, 시간이 지날수록 심리적 압박은 커진다. 결국 버티지 못하고 사업을 접게 되면, 어렵게 모은 자금까지 모두 잃는 경우도 흔하다. 창업은 '받는 사람'에서 '주는 사람'으로의 전환을 요구하는데, 이 변화가 빠르게 스트레스로 이어진다.

그래서 창업을 고민하기에 앞서, 차라리 관심 있는 업종에서 저임금이라도 직원이나 아르바이트로 먼저 경험해 보는 것이 훨씬 현명하다. 급여가 다소 적더라도 이미 어느 정도 자금이 마련되어 있다면, 생계 유지에는 큰 어려움이 없다. 무엇보다 현장에서 직접 일해 봄으로써 막연했던 창업 의지에 확신을 얻을 수도 있고, 반대로 현실적 한계를 체감해 미련 없이 포기할 수도 있다. 짧은 체험만으로 성급히 창업에 나섰다가 "이럴 줄 몰랐다"는 후회를 남기는 경우는 생각보다 많다. 반면, 충분한 시간 동안 실제 업무를 경험한 뒤 내리는 결정은 더 현실적이고 성공 가능성도 높다.

결국 중요한 것은 '하나의 길만 고집하지 않는 유연함'이다. 직장은 언젠가 변할 수 있고, 전문성은 시대에 따라 가치를 달리한다. 한 길만 고집하기보다 여러 가능성을 미리 열어두는 것, 그것이 불확실한 시대를 살아가는 가장 현명한 전략이다.

안정된 직장, 불안정한 열정

대학에서 특강을 하거나 채용 면접관으로 참여하다 보면, 요즘 청년들의 모습이 예전과는 조금 달라졌다는 느낌을 자주 받았다. 예전보다 눈빛이 흐리고, 질문도 조심스럽다. '열정이 없다'고 쉽게 말할 수는 없지만, 열정이 '불안정하다'는 인상은 분명히 있다.

코로나 이후의 사회 분위기 때문인지, 아니면 갈수록 심해지는 경제적 불안정 때문인지, 청년들은 더 이상 "좋아하는 일"만으로 생존을 장담할 수 없다는 걸 너무 일찍부터 체감하고 있다. 열정이 없는 것이 아니다. 불안정한 시대가 열정마저 흔들고 있는 것이다.

진심으로 즐거움을 느끼며 자신의 일을 좋아하고, 그 안에서 성취감을 얻는 사람은 여전히 존재한다. 하지만 그런 사람들은 아주 극소수에 불과하다. 대부분의 사람들은 불안정한 열정과 안정된 생계 사이에서 끊임없이 저울질하며 살아간다. 분명 무언가에 열정을 품고, 때론 좋아하는 일을 좇아 도전하기도 했지만, 현실은 그 열정을 오래 붙잡아 둘 만큼 여유롭지 않다. 불안정한 프리랜서 생활, 언제 끊길지 모르는 계약직, 빠르게 바뀌는 트렌드 속에서 뒤처지지 않기 위한 강박이 쌓여간다.

"안정적인 직장"을 원하는 건 어쩌면 당연한 일이다. 가족을 부양해야 하고, 대출 이자를 갚아야 하고, 1년 뒤 미래조차 불확실한 시대 속에서 '하고 싶은 일'을 좇는 건 사치처럼 여겨지기도 한다. 청년들이 공기업 공무원과 대기업 정규직을 선호하는 것도 이상할 게 없다. 그 직장들이 유일하게 '계획 가능한 삶'을 가능케 해주는 몇 안 되는 선택지이기 때문이다.

어떤 학생은 "좋아하는 일을 하고 싶지만, 그 일을 하면서 먹고살 수 있을까요?"라고 물었다. 그 말이 이상하게 오래 남았다. 지금의 청년들에게 '꿈'은 아름답지만, 위험한 말이 되어버렸다. 현실이 그만큼 버겁기 때문이다.

지금의 열정은 뜨거운 불길이 아니라, 바람에 흔들리는 작은 불씨에 가깝다. 불붙기 전에 스스로 꺼야 할지도 모른다는 불안감이, 마음 한구석에 먼저 자리 잡는다. 예전 세대가 말하는 '하고 싶은 걸 하라'는 조언은, 이제 어떤 이들에겐 무책임하게 느껴지기도 한다. 열정은 있어도, 안정적이지 않기 때문이다.

물론 청년들의 모습만 불안정한 건 아니다 대부분의 사람들은 정년을 보장받지 못한 직장생활을 한다. 그로인해 늘 불안한 건 마찬가지다.

그래서 '하고 싶은 일'보다 '버틸 수 있는 일'을 찾는 게 어쩌면 맞는 일이다. 즐겁고 보람 있는 일보다, 오래 할 수 있는 일, 성장보다는 지속 가능한 수입을 먼저 고려한다. 이런 선택이 반드시 나쁜 것은 아니다. 오히려 그 안에서 잃지 않는 진심과 책임감이 더 중요해졌다고도 볼 수 있다.

그럼에도 불구하고, 우리는 작더라도 자신만의 중심을 지켜야 한다. 세상이 불안정할수록, 자기 안의 사적인 열망이나 관심은 더 소중해진다. 그 감정이 사라지지 않도록, 삶의 한편에 작은 여백이라도 남겨두는 것. 일상에 치여 잊고 지내던 '좋아하는 것'을 다시 바라보는 것. 그것이 결국 우리가 나답게 살아가기 위한 출발점이 된다.

안정적인 삶과 불안정한 열정 사이에서 길을 찾는 모든 이들을 응원하고 싶다. 그 누구의 열정도, '결과'로만 평가되어선 안 된다. 지금의 시대에는 '포기하지 않는 마음'만으로도 충분히 뜨겁다.

버티는 데도 이유가 있어야 한다

많은 사람들이 직장에서 버티는 이유는 금전적인 상황 때문이다. 당장 한 끼 식사나 머물 공간조차 불확실한 상황이라면, 하루를 버티는 것만으로도 큰 용기가 필요한 일이다. 그러나 꼭 그런 극단적인 상황이 아니더라도, 일상 속에서 정신적으로 버티기 어려운 순간은 누구에게나 찾아온다.

나는 특히 산만한 분위기나 과한 에너지에 예민한 편이다. 회사에서 점심식사 후 라운지에서 팀원들과 쉬고 있을 때, 다른 동료가 와서 함께 앉는 건 흔한 일이다. 평소 같았으면 반갑게 인사하며 자연스럽게 어울렸겠지만, 특정 동료는 달랐다. 맥락 없이 춤을 추거나, 본인 이야기만 늘어놓으며 대화를 독점하고, 근거 없는 주장에 상대방 의견은 듣지도 않는다. 몇 번 조언도 해보고, 설득도 해봤지만, 아무런 변화가 없었다. 나만 이상하게 생각하는 건 아니었다.

결국 내가 할 수 있는 최선은 그 자리를 조용히 피하는 것이었다. 하지만 팀 분위기를 책임지는 위치에 있다 보니, 내가 자리를 피하면 분위기가 어색해지는 경우가 많았다. 가끔 핸드폰을 보며 대화를 피하려 했지만, 그 동료는 자리에서 쿵쿵 뛰거나, 목소리를 높여 머리가 울릴

지경으로 방해했다. 소음도 문제였지만, 그보다 감정 기복과 분위기를 흐트러뜨리는 에너지가 더 고통스러웠다. 상황이 지속되면 두통이 너무 심해져 '내가 살아야 한다'는 생각으로 물리적인 회피를 선택했다. 버티는 것보다 피하는 게 더 나은 선택이었기 때문이다.

이처럼 사소해 보이는 일에서도 우리는 생각보다 큰 피로감을 느낀다. 그리고 이런 상황이 하루 이틀이 아닌 장기화된다면, 정신적인 소모는 훨씬 더 심해진다.

상사의 불합리한 업무 지시 역시 흔한 스트레스 요인이다. 퇴근 직전 갑자기 다음 날 아침까지 마쳐야 하는 업무를 지시하는 경우. 물론 상황에 따라 퇴근 시간에도 업무 지시를 할 수는 있다. 하지만 과업의 난이도나 소요 시간을 고려하지 않은 지시는, 수용하는 입장에서는 앞으로의 리듬 전체를 무너뜨리는 폭력처럼 다가온다. 특히 저연차일수록 그런 지시에 "거절"하거나 "협의"하는 것이 어렵기에 더욱 위축되기 쉽다.

경우에 따라 주말에 급하게 전화가 걸려오거나, 명확한 맥락 없이 단편적인 지시만 주어지는 경우도 있다. "이 경쟁사 분석해 와"라는 말만 던지고, 어떤 목적에서, 어떤 항목을 중심으로 분석해야 하는지 설명하지 않는다. 특히 경험이 적은 직원일수록 이런 모호한 지시에는 불안과 자기검열이 동반된다.

더욱 고통스러운 것은, 그런 일을 끝낸 뒤에도 피드백이 없거나 무시되는 경우다. "왜 이렇게밖에 못 했냐"는 질책보다, 오히려 아무 말도 없는 침묵이 더 버티기 힘들다. 잘했는지, 부족했는지조차 알 수 없는 무

반응은, 평가받지 못하는 존재로 남겨진 듯한 느낌을 준다.

이럴 때 가장 바람직한 방식은 관리자가 배려의 태도로 소통하는 것이다. "내일 중으로 처리해도 괜찮다"는 한마디만으로도 부담은 줄어든다. 하지만 그렇지 못한 환경이라면, 받아들이는 입장에서 감정을 조절하는 기술을 익히는 것이 필요하다. 바로 확인하지 못하면, 시간이 지난 후에 다시 물어보거나, 분위기가 부드러워졌을 때 질문하는 것도 방법이다. 물론 말처럼 쉬운 일은 아니다. 하지만 매 순간 감정에 휘둘릴 수 없는 현실에서는, 이 또한 하나의 생존 기술이다.

일보다 감정 소모가 더 큰 순간도 있다. 대표적인 예가 소통이 되지 않는 사람과 함께 일할 때다. 단순한 의견 차이를 넘어, 기본적인 이해나 맥락조차 공유되지 않는 사람과의 협업은 무척 지친다. 설명하고 이해시키고 다시 설명하다 보면 하루가 끝난다.

처음엔 '내가 설명을 잘 못했나?' 싶어 자료를 만들고, 사례를 들어 애써 보지만, 시간이 지날수록 알게 된다. 이해하려는 의지가 없는 사람 앞에서는 아무리 노력해도 진이 빠질 수밖에 없다는 걸.

성과보다 사람에게 치이고, 일이 아니라 말에 지쳐가는 순간이 있다. 그건 단순히 일이 힘든 게 아니라, 스스로 고립되고 있다는 생각 때문이다. 어느 순간 '내가 과민한 걸까?'라는 의심이 들고, '여기선 더 나아질 게 없다'는 결론에 도달하게 된다.

누구나 자신만의 '버티기 어려운 순간'을 겪는다. 그 상황은 사람마다 다르지만, 중요한 건 그 상태를 알아차리고, 지속 가능한 대처 방법을 고민하는 것이다. 무조건 참는다고 해서 좋은 결과가 따라오지는 않는다. 때로는 회피가 회복의 시작이 될 수도 있다. 이는 외면이 아니라, 자신을 지키기 위한 전략적 선택일 수도 있다.

혹시 지금 당신이 그런 상황에 놓여 있다면, 스스로를 먼저 살펴보길 바란다. 참는 것이 항상 성실함을 의미하지는 않으며, 피한다고 해서 결코 나약한 것도 아니다. 자신에게 맞지 않는 환경을 파악하고, 더 나은 방향으로 한 걸음씩 나아가려는 의지야말로 진정한 용기다.

감정이 요동칠 때는 물리적으로 거리를 두는 것이 좋다. 잠시 자리를 비우거나 산책을 하는 것도 방법이다. 업무가 과중할 땐 일정 조율을 요청하자. 예를 들어 "이 업무는 약 몇 시간 걸릴 것으로 보이는데, 우선순위 조정을 부탁드릴 수 있을까요?"처럼 말이다.

반복적으로 스트레스를 주는 사람과는 반드시 선을 긋는 것이 필요하다. 친절함과 거리두기는 함께 갈 수 있다. 감당이 어려울 땐, 회사 내 정식 커뮤니케이션 채널이나 HR, 리더에게 상담을 요청하는 것도 하나의 방법이다. 단, 이 경우엔 조직 내 파장까지 고려해 신중히 접근해야 한다.

살면서 '버틴다'는 건 단순히 참고 있는 상태가 아니다. 스스로 무너지지 않기 위한 생존 기술이고, 자기 존중의 방식이다.

삶은 늘 불완전하고, 직장은 언제나 이상적일 수 없다. 하지만 중요한 건 내가 부서지지 않도록, 나만의 기준을 세우고 나를 보호하는 방식을 만들어 가는 일이다.

선택하는 삶으로

생업은 생계를 유지하기 위해 어쩔 수 없이 하는 일이다. 직장을 구하고 억지로 버티는 가장 기본적인 이유도 결국 생계를 유지하기 위해서일 것이다. 가족을 돌보고 최소한의 생활을 영위하기 위해 우리는 일자리를 찾고 일을 한다. 예를 들면, 식당에서 그저 시간을 채우며 아르바이트를 하는 경우가 그렇다.

하지만 조금 더 나은 삶을 원하게 되면, 단순히 돈을 벌기 위한 직업이 아닌, 의미와 가치, 혹은 자부심과 명예까지 함께 추구하게 된다. 그 순간부터 직업은 단순한 생계 수단을 넘어 '나의 정체성과 연결된 선택'이 된다. 직업은 일정한 역할과 책임감을 가지고 임하는 일을 말한다. 같은 식당에서 조리사로 근무하면서 메뉴 개발과 위생 관리까지 맡아 자신의 위치를 의식하는 경우가 그렇다. 천직은 일을 단순한 생계 수단이 아니라, 더 큰 의미와 사명으로 받아들이는 것이다. 같은 요리사라도, 음식을 통해 사람들에게 행복을 전하고 건강한 식문화를 만들겠다는 소명의식을 가지고 일한다면, 그것은 이미 천직이라 할 수 있다.

이렇듯 생업·직업·천직의 차이는 단순한 개념 구분이 아니라, 우리가 어떤 삶을 선택하고 있는지를 되돌아보게 한다. 하지만 현실은 녹록지 않다. 급박한 상황 속에서는 "일단 어디든 취업만 하자"는 생각이 앞설 수밖에 없다. 재취업의 어려움, 경제적 압박, 가족 부양 등 피할 수 없는 현실적인 이유 앞에서는 당장의 수입이 최우선이 되기 마련이다. 하지만 이런 식으로 선택한 직장은 대개 자신과 맞지 않는 업무이거나, 단지 시간과 돈을 맞바꾸는 일 이상의 의미를 갖기 어려운 경우가 많다.

처음에는 버틸 수 있다. 월급이 들어오고, 생활이 어느 정도 안정되면 겉보기엔 이전보다 나아진 것처럼 느껴질 수도 있다. 그러나 시간이 흐르면서 업무에 대한 흥미와 의미는 점점 사라지고, 결국 오래 버티기 어려운 상황에 놓이게 된다. 그렇게 몇 년이 흘러가면 어느새 이직도 쉽지 않은 애매한 나이에 도달하게 된다.

운이 좋다면, 금전적인 만족이나 좋은 동료들과의 관계를 통해 새로운 의미를 발견할 수도 있다. 하지만 그조차 오래가진 않는다. 아무리 시간이 지나도, 이 일이 정말 자신에게 맞지 않는 일이라면 결국은 자신보다 재능 있는 사람, 출신 배경이 다른 사람, 혹은 그 일을 진심으로 좋아하는 사람에게 주도권을 뺏기게 된다. 그러면 자신은 늘 자리와 위치에 대한 위협을 느끼며 일해야 하고, 보상의 격차까지 비교된다.

함께 일하는 동료 역시 영원한 관계는 아니다. 각자 사정에 따라 이직하거나 퇴사하고, 업무상 필요한 비즈니스 관계로 남게 된다. 아무리 성격이 맞고 취미가 비슷하다고 해도, 비즈니스의 벽은 쉽게 무너지지 않는다. 특별한 신뢰가 쌓이거나 인생의 위기를 함께 넘긴 관계가 아니라면, 결국은 서로 비교 대상 혹은 경쟁 상대일 수밖에 없다.

결국 비교나 경쟁이 반복되면 직장 생활은 점점 불안해지고, 직업에 대한 만족도도 급격히 낮아진다. 더 이상 버티기 힘든 시기가 찾아오는 것이다.

30대 초반까지는 여전히 새로운 직업을 찾거나 이직을 시도할 기회가 있다. 하지만 짧은 기간 안에 너무 잦은 이직을 하면 이력서의 신뢰도에 부정적인 영향을 줄 수 있다. 새로운 업종이나 직무에 도전하기는 30대 중반부터는 훨씬 어려워진다.

또한 40대 초반까지라도 작은 조직에서 관리나 리더십 경험이 없다면, 이후에는 동일 업종 내 이직조차도 쉽지 않다. 물론 산업군이나 기업의 규모에 따라 차이는 있겠지만, 확실한 건 '때'를 놓치면 선택지는 급격히 줄어든다는 점이다.

원하지 않는 일을 억지로 선택하게 되면, 그 일이 삶에 남기는 것은 거의 없다. 나이가 들수록 점점 불안은 커지고, 미래에 대한 확신은 줄어든다. 그렇게 시간이 흐르다 보면 어느 순간, 내 삶에 의미도 흔적도 남지 않았다는 사실을 깨닫게 된다. 결국 인생의 마지막에 가까워질수록 후회와 허무함이 커지고, "이렇게 살려고 했던 건 아닌데"라는 생각이 머리를 떠나지 않게 된다.

그러니 현실과 타협하더라도, 자신이 감당할 수 있는 선택을 해야 한다. 삶이 흔들리지 않도록, 후회하지 않기 위해서라도, 지금 내가 선택하는 일과 방향이 결국 내 삶의 가장 큰 축이 되어야 한다. 그 선택은 무의미한 선택이 아니라, 내가 원하는 삶으로 나아가는 출발점이 될 수 있다.

경력 공백을 기회로 만드는 법

요즘 같은 시대, 첫 취업이 어렵다는 것은 누구나 아는 사실이다. 그런데 막상 부딪혀보면, 어쩌면 첫 취업보다 더 어려운 것은 바로 이직일지도 모른다.

첫 취업은 아직 갈 길이 많다. 원하는 직무가 잘 맞지 않는다고 해서 포기하면 안 된다. 기회 비용도 생각나고 쉽지는 않겠지만, 오히려 그것은 새로운 길을 모색할 기회일 수 있다. 마케팅을 준비하다가 시장에서 가치가 부족하다면, 조금 더 공부해 기획 같은 관련 분야로 방향을 전환할 수도 있다. 영업이 잘 맞지 않는다면, 고객 관리나 운영으로 옮겨볼 수도 있다. A가 어렵다면 B로, B도 어려운 상황이라면 다른 선택지인 C를 고려해볼 수 있다. 세상에는 수많은 기회가 열려 있으며, 그 기회들은 언제든 나를 기다리고 있다.

하지만 이직은 다르다. 이전 직장에서 쌓아온 경력을 인정받으려면, 대부분 같은 분야로 옮겨야 한다. 이미 걸어온 길 위에서만 다음 길을 찾아야 하는 셈이다. 그래서 더 늦기 전에 움직이지 않으면, 원치 않아도 공백이 생긴다.

경력이 5년이 채 되지 않았다면, 아직 불씨가 뜨거울 때 공백을 만들지 않는 것이 가장 좋다. 짧은 경력은 금세 희미해진다. 현장에서 배운 감각은 금방 무뎌지고, 어렵게 쌓아 올린 지식은 기억 저편으로 밀려나기 쉽다. 그래서 이 시기에는, 될 수 있는 한 빠르게 다음 자리를 찾는 데 집중해야 한다.

그래도 잠시 쉬게 된다면, 그 시간을 단순히 휴식에 그치지 말고 '증거로 남길 수 있는 성장'을 만들어야 한다. 자격증을 취득하거나, 오픈소스 프로젝트에 기여하거나, 기술 블로그를 꾸준히 쓰거나, 논문, 특허, 기술서를 남기는 등, 그 모든 기록이 하나의 '쉬지 않고 성장했다'는 증거가 될 수 있다.

이건 단순한 '활동'이 아니라, 나중에 면접 자리에서 꺼낼 수 있는 살아 있는 증명서가 된다.

10년을 채워온 사람이라면 숨을 고를 수 있는 순간이다. 이제는 1~2년쯤 쉬어도 당장 생계가 흔들리진 않는다. 물론 그만큼 커리어 속도는 느려질 수 있다. 하지만 그것도 내 인생의 일부로 받아들일 수 있다면, 숨을 고를 수 있는 순간이 된다.

그리고 그때는 그동안 미뤄왔던 것들을 해볼 수 있다. 나의 경우, 제주도 한 달 살기를 시작으로, 6개월 동안 2주 간격으로 해외여행을 다녔다. 하지만 완전히 여행에만 몰입할 순 없었다. 중간중간 제안 온 오퍼에 답하고, 면접을 보고, 이사 준비를 하고, 병원도 다녀야 했다. 성격상, 모든 걸 내려놓고 '아무것도 하지 않는 휴식'은 쉽지 않았다. 그 뒤 6개월은 시기상 사회가 더 불안정해져, 모든 분야의 채용 공고가 거의 보이지 않았다.

여행도 어느새 흥미를 잃었고, 자금 사정도 고려해야 했다. 그러다 보니 여행의 간격이 늘었지만 이것도 일반적인 사람에 비해 많이 다닌 셈이다.

숨을 고르는 시간 동안 나를 가장 단단하게 붙잡아 준 것은 독서였다. 여행과 휴식 속에서 느꼈던 불안함을 달래고, 새로운 시선을 얻을 수 있었던 건 책 덕분이었다. 오마하의 현인으로 불리는 '워런 버핏'이 인문학을 통해 주식 시장을 이해한다고 알려진 것처럼, 책을 읽는 사람은 자연스럽게 판단력과 통찰력을 키워 기회를 포착할 수 있다. 이는 단순한 정보 축적이 아니라, 뇌에 유익한 경험과 기억을 쌓는 과정이기도 하다.

책은 마치 마법 같은 도구였다. 내가 의식적으로 목적지를 정하지 않아도, 꾸준히 읽다 보면 예상치 못한 길로 나를 이끌었다. 나 역시 작가가 될 거라 예상하지 못했지만, 독서를 통해 어느새 글을 쓰는 세계에 발을 들이게 되었다. 돈의 세계도 마찬가지다. 돈을 직접 쫓기보다, 독서와 경험으로 쌓은 통찰과 기억이 자연스럽게 기회를 불러온다. 즉, 돈을 목적이 아니라 결과로 만드는 삶의 선순환을 만든 사람들은 모두 꾸준한 독서를 통해 그 기반을 다진 것이다.

그 과정에서 나는 더 큰 깨달음을 얻었다. 그간 쌓아온 지식과 경험을 넘어, 더 많은 것을 경험하고 싶다는 것을. 머릿속에서만 맴도는 생각들을 현실로 옮기려면, 보다 강한 자극과 환경의 변화가 필요했다. 그래서 밖으로 나가 사람들을 만나기 시작했다. 다른 이들은 어떤 길을 걸었는지, 어떻게 살아가는지 직접 듣고 싶었다. 컨설팅을 받아보고, 여행에서 처음 만난 사람들에게 낯선 이야기들을 들으며, 나의 생각과 경험도 조금씩 꺼내 놓았다. 그러다 보니 이 책을 집필할 용기도 생겼다.

경력 공백 속에는 늘 불안이 따라다닌다. 다시 일할 수 있을까? 너무 늦어버린 건 아닐까? 그래서 한 손에는 복귀를 위한 준비를, 다른 한 손에는 새로운 시도의 씨앗을 쥐고 있어야 한다. 원래 하던 분야로 돌아가지 못하더라도, 그 과정에서 쌓은 경험은 '두 번째 인생'을 시작하는 데 큰 자산이 된다.

물론 결혼했거나 가족을 꾸린 상황이라면 이야기는 복잡해진다. 혼자일 때와 달리, 내 선택 한 가지가 곧 가족의 생활과 직결되기 때문이다. 생활비, 자녀 교육비, 주거비처럼 현실적인 부담이 훨씬 무겁게 다가온다. 맞벌이가 외벌이로 바뀌는 순간, 가계 사정은 심각한 타격을 받는다. 외벌이에, 당장 사용할 수 있는 저축된 자금이 없다면 최악의 상황으로 치달을 수 있다. 그런 절망감이 때로는 극단적인 선택으로 이어지기도 한다는 사실은 우리가 결코 가볍게 넘길 문제가 아니다.

그렇다고 해서 가족이 있다는 사실이 전부 힘들다는 건 아니다. 오히려 가족은 나를 지탱해주는 굳건한 이유가 되어 준다. 그래서 위기 앞에서는 '모두를 걸고 한 번에 뒤집어 보자'는 식의 올인 전략보다, 부분적 복귀와 단계적 대응이 더 현실적이고 안전한 길일 때가 많다. 예컨대 당장의 생계를 위해 단기 계약직이나 파트타임으로 수입을 만들면서, 동시에 재정 재구성이나 이직 준비, 기술 학습을 병행하는 식이다. 가족을 지키면서도 자신을 지킬 수 있는 방법을 한 걸음씩 만들어 가는 것이 중요하다.

프리랜서나 단기 계약직으로 프로젝트를 맡으면 이전 경력을 살리면서도 생활비에 보탬이 된다. IT 분야라면 외주 개발, 디자인, 콘텐츠 제작 등으로 시작할 수 있다. 정규직이 아니더라도 재택·파트타임 근무를 통해 가사나 육아와 병행하며 일의 감각을 유지할 수 있다. 그간의 경력으로 온라인 강의나 자격증 준비 교육을 하며 교육 경력을 확장하는 것도 좋은 방법이다. 마케팅 경력자라면 데이터 분석이나 UX 디자인 공부를 곁들이는 식으로 업무 영역을 확장하여 선택의 폭을 넓힐 수도 있다. 가족과 함께하는 창업 아이디어를 시도해 볼 수도 있다. 소규모 온라인 스토어나 클래스 운영은 초기 비용이 적고, 배우자와 역할을 나눌 수 있다.

핵심은 같다. 현실을 인정하고, 그 안에서 내가 할 수 있는 선택지를 만들어 가는 것. 경력 공백은 결국 '어떻게 활용하느냐'에 따라 전혀 다른 의미를 가진다. 가족과 함께 계획을 세우고, 가능성과 위험을 나누어 감당한다면, 가정을 가진 사람에게도 이 시기는 위기가 아닌 다음 단계를 준비하는 기회의 시간이 될 수 있다.

6장

*

사람, 믿음 그리고 나의 자리

일과 사람 사이, 적당한 거리

회사는 함께 일하는 공간이지만, 동시에 다양한 이해관계가 얽혀 있는 곳이다. 서로 협력해야 일이 굴러가지만, 그 관계가 지나치게 가깝거나 멀어도 문제가 생긴다. 너무 멀리하면 협업이 삐걱거리고, 너무 가까우면 일과 사적 감정이 뒤섞여 불필요한 갈등이 생긴다. 그래서 회사에서의 인간관계는 적정한 선을 유지하는 것이 중요하다. 일은 일대로 원활히 하고, 감정은 감정대로 건강하게 지킬 수 있는 거리감이 필요하다.

나는 워낙 정이 많은 성격이라 이 적정선을 지키는 게 쉽지 않았다. 대학에 들어가기 전까지만 해도 친구를 사귀는 게 서툴러서, 한 사람 한 사람이 너무 소중했다. 가까운 사람에게 마음을 다 쏟았고, 그만큼 상처받기도 쉬웠다. 하지만 대학 시절부터는 성격을 완전 바꾸어 먼저 다가가며 인연을 쌓는 편이 되었고, 덕분에 단순한 비즈니스 관계를 넘어서는 끈끈한 유대도 만들 수 있었다. 다만 한 사람 한사람의 소중함을 알기에, 인연을 쉽게 끊지 못하는 경우가 많았다.

이런 성향은 회사에 들어가서도 이어졌다. 나는 입사 후에도 웬만하면 모두와 친해지고 싶었다. 다른 부서 사람들과도 어울리며 그들이 하는 일이 궁금했고 이해하고 싶었다. 업무와 직접 관련이 없더라도, 일상적인 이야기나 취미를 공유하며 자연스럽게 관계를 이어갔다. 지나가다 인사를 건네거나 가벼운 농담을 주고받으며 편안한 분위기를 만들었고, 그 과정은 나에게 자연스럽고 즐거운 일이었다.

하지만 시간이 지날수록 한 가지 의문이 생겼다. '회사에서의 인간관계는 어디까지가 적당할까?' 업무적 효율과 개인적 감정 사이에서 균형을 찾는 것이 생각보다 어렵다는 걸 알게 된 것이다.

두 번째 회사에서 임금체불을 경험하며, 나는 동료들의 불만과 고통을 가까이에서 목격했다. 그 과정에서 회사를 상대로 싸우는 일은 많았지만, 정작 어려움에 처한 동료들을 위해 나서서 증언하거나 사실을 말해주는 사람은 단 한 명도 없었다. 그때 나는 진심으로 동료라고 느끼는 사람이라면, 내가 잃을 게 있더라도 도와주고 싶다는 마음이 들었다. 실제로 한 동료가 법적 문제에 휘말릴 뻔할 때, 나는 증언을 해주겠다고 약속했다. 개인적인 상황에 따라 다르겠지만, 믿을 사람이 한 명도 없는 상황에서 느끼는 외로움과 억울함은 생각보다 클 것이다.

학창 시절 인간관계는 친구처럼, 큰 이해관계 없이 자연스럽게 유지된다. 그 친구들에게는 내가 할 수 있는 한 최선을 다해 도움을 주고 싶다. 하지만 대학 이후부터는 상황이 달라진다. 나는 대학 시절 과대표, 학회장, 대의원 상임위원 등 다양한 활동을 통해 폭넓은 인맥을 쌓았고, 졸업 후에도 동창회 모임을 꾸준히 이어갔다. 그러나 시간이 지나면서 대부분은 경조사나 필요할 때만 연락하는 사이가 되었다.

비즈니스 관계에서도 비슷하다. 업무에서 즐겁게 일하고 싶었고, 취미를 공유하며 장난도 치면서 자연스럽게 다가갔다. 하지만 수십, 수백 명과 인연을 맺어도, 퇴사 후 연락을 주고받는 사람은 손에 꼽히며, 함께 식사나 술자리를 하는 경우는 거의 없다. 그마저도 나의 위치가 높거나 상황이 좋을 때만 가능하다. 이는 잘못이 아니다. 비즈니스 관계는 결국 일이 끝나면 관계도 끝나는 경우가 많으며, 이를 받아들이는 것이 성숙한 태도다.

돌이켜보면, 내가 좋아서 인연을 만들려고 노력했지만, '일과 사적 관계의 경계'를 명확히 지키는 것이 훨씬 건강한 것 같다. 업무 외 시간과 감정을 지나치게 소모하지 않기 위한 선택이기도 하다. 비즈니스 관계에서는 친절하게 대하되, 개인적인 고민이나 불만, 재정 상황, 이직 계획 등 중요한 사안은 비공개로 하는 것이 안전하다. 작은 소문 하나가 걷잡을 수 없이 퍼질 수 있고, 그로 인해 업무에도 리스크가 생기기 때문이다.

회사에 대한 불만이나 스트레스는, 차라리 업무와 무관한 친구들에게 털어놓는 것이 낫다. 다만 모든 일을 상세히 설명하려 들 필요는 없다. 그들은 회사 내부 사정을 완전히 알지 못하므로, 단순히 들어주고 맞장구쳐 주는 것만으로도 충분하다.

결국 비즈니스 생활에서는 적당한 거리와 경계가 필요하다. 너무 깊게 빠져들면 감정적으로 지치고 일에 집중하기 어려워진다. 때로는 냉정함이 필요하고, 그로 인해 일과 인간관계 모두에서 균형을 잡을 수 있다. 그러나 거리를 두더라도, 진심 어린 소통과 배려는 잊지 않는 것이 중요하다. 이렇게 해야 비로소 신뢰가 쌓이고, 오랜 시간 함께할 수 있는 동료 관계를 만들어갈 수 있다. 결국, 일터에서의 인간관계는 적절한 거리감과 진정성의 조화가 만드는 건강한 균형이 필요하다.

나를 지키는 거절의 기술

회사 생활을 하다 보면, 부탁을 받는 순간마다 '네'라는 말이 입 밖으로 먼저 튀어나온다. 연차가 낮을수록 '당연히 해야 하는 일'로 받아들이기에, 팀장이나 동료의 요청을 거절하는 건 상상조차 어렵다. 팀장 또한 타 팀의 요청을 명분 없이 거절하기는 쉽지 않다.

특히 내가 잘하는 일, 빨리 처리할 수 있는 일일수록 더 그렇다. 그때는 '이 정도야 금방 하지'라는 생각이지만, 그렇게 쌓인 업무는 결국 나를 압박하는 거대한 산이 된다. 심지어 팀 전체의 일정이나 다른 팀원들에게도 부담이 된다. 하루가 끝날 무렵, 정작 내가 해야 할 중요한 일은 손도 대지 못한 채 퇴근하는 날이 반복되면, 피로는 업무 능력보다 먼저 한계에 도달한다.

나 역시 수요는 많지만 공급이 부족한 직군에서 일하다 보니, 업무는 늘 산더미처럼 쌓였고 요청자들은 우선순위에 매우 민감했다. 체계나 프로세스가 제대로 잡히지 않은 기업일수록 상황은 심각하다. 요청자들 역시 의사결정자에게서 갑작스럽게 업무를 받아오는 경우가 많았기에, 모든 요청은 '긴급'으로 포장되어 나에게 떨어졌다. 근무 시간은 늘 최상위권이었다. 일을 하는 순간마저 눈치를 봐야 하는 환경이었다. 연장근로 신청 없이 야근을 하거나, 주말에도 일을 처리한 날이 많았다.

이미 일정에 맞춰 업무를 진행하고 있는데, 갑자기 다른 요청이 들어오면 난감하다. 더 난처한 건 내 일정은 고려하지 않은 채, 그 일을 '무조건' 먼저 처리해 주길 바라는 경우다. 나도 한때는 이런 부탁을 거절하지 못했다. 거절하면 관계가 틀어질까, '성의 없는 사람'으로 보일까, '팀워크를 해치는 사람'이라는 낙인이 찍힐까 두려웠다. 하지만 어느 순간 깨달았다. 계속 '네'라고만 하는 건, 결국 내 시간과 집중력을 아무 대가 없이 내어주는 일이라는 것을.

거절에도 기술이 있다. 무작정 "안 돼요"라고 하는 것은 관계를 해칠 수 있지만, 빠른 거절과 함께 대안을 제시하면 오히려 신뢰를 지키며 나를 보호할 수 있다.

예를 들어, "이번 주는 제 일정이 꽉 차서 어렵지만, 다음 주 초라면 가능할 것 같습니다"처럼 언제 가능할지를 함께 알려주는 것이다. 현재 내가 어떤 일을 진행 중인지 간단히 덧붙이면 상대방이 사정을 이해하는 데 도움이 된다.

또는 "이 업무는 OOO님이 더 적합하실 것 같아요. 제가 연결해 드릴게요"처럼, 내가 어렵다면 그 일을 잘 처리할 수 있는 다른 사람을 추천하는 방법도 있다.

이렇게 대안을 곁들이면, '안 된다'는 메시지가 '못 도와준다'가 아니라 '다른 방법을 찾아보겠다'로 전달된다.

무엇보다 중요한 건 내 우선순위를 명확히 하는 것이다. 어떤 일을 맡을지 결정할 때는 '이 일이 내 핵심 업무와 목표에 부합하는가?'를 먼저 물어야 한다. 회사에서의 평판은 '모든 부탁을 다 들어주는 착한 사람'이 아니라, '자신의 역할에서 확실히 성과를 내는 사람'에게서 만들어진다.

거절은 결국 경계 설정이다. 경계가 없는 사람은 타인에게도, 스스로에게도 신뢰받기 어렵다. 처음엔 불편하더라도, 나를 지키기 위해서는 거절하는 법을 배워야 한다.

그리고 꼭 기억해야 한다. 거절은 누군가를 밀어내는 행위가 아니라, 내가 오래 버티고 건강하게 일하기 위해 나 자신을 안아주는 방법이라는 것을.

때로는 '지금은 어렵다'는 한마디가, 내 하루를, 내 한 달을, 그리고 내 커리어를 지켜준다. 내 시간을 지킨다는 건, 곧 내 삶을 지키는 일이다. 업무와 부탁은 끝이 없지만, 나의 에너지는 한정되어 있다. 그 에너지를 아무렇지 않게 소모하는 대신, 꼭 필요한 곳에 쓸 수 있도록 스스로의 울타리를 세우는 것 그게 바로 진짜 효율적인 업무 방식이다.

거절은 냉정함이 아니라, 나와 일을 오래 함께 가기 위한 가장 따뜻한 선택일 수 있다.

내 편이 단 한 명이라도 충분한 이유

사회나 회사에서 편을 가르는 일이 항상 필요한 것은 아니다. 하지만 새로운 변화를 추진하고, 아무도 가보지 않은 길을 개척하려면, 믿고 힘이 되어주는 '든든한 내 편' 한 명은 꼭 필요하다.

내가 선택한 데이터 분석 분야도 변화를 추진하고 개척해야 했다. 방대한 데이터를 의미 있는 인사이트로 바꾸려면 2000년대만 해도 하드웨어 성능과 프로그래밍 언어 모두 한계가 있었다. 하지만 시간이 흐르며 하드웨어 성능이 급격히 발전하고, 빅데이터 축적과 처리 기술이 상용 수준에 도달하면서 비로소 실생활과 업무에 적용할 수 있게 되었다.

그럼에도 새로운 분야를 기존 조직에 녹여내는 일은 여전히 쉽지 않았다. 나는 두 번째와 세 번째 이직한 회사에서 모두 데이터 분석을 기업의 업무 프로세스에 정착시키는 역할을 맡았다. 한번 경험해 보니 너무 힘들고 소모적이어서, 다시는 하고 싶지 않다고 생각했다. 그러나 세 번째 회사에서도 같은 역할을 맡게 되었고, 규모가 작다는 점 때문에 한 번쯤 더 도전해 보기로 마음먹었다. 이미 한 번 겪어본 일이기에 이전보다는 조금 수월할 것이라 기대했다. 하지만 분석 업무 프로세스가 어느 정도 자리 잡을 무렵, 기업이 합병하면서 같은 과정을 또다시 반복해야 했다.

신규 분야를 안착시키려면 먼저 임원들에게 '이 일이 반드시 필요한 일'이라는 명확한 근거와 데이터를 제시해야 한다. 동시에 동료들에게 는 "이 변화가 당신의 업무를 불필요하게 힘들게 하는 것이 아니다"라 는 점을 설득해야 한다. 특히 추가 업무가 발생하는 동료들을 이해시 키고, 그들이 자발적으로 협력할 수 있는 분위기를 만드는 것이 중요 하다.

이 과정에서 '내 편' 한 명은 필수적이다. 가장 좋은 것은 나를 채용 한 대표나 임원이다. 짧은 시간에 결과를 내기 어렵기에 끝까지 믿고 기 다려줄 사람이 있어야 한다. 또한 필요한 정보를 제공하고, 초기 단계 에서 손발이 되어줄 동료도 반드시 필요하다. 처음에는 도움만 받는 것 처럼 보여도, 시간이 지나면 함께 협업해 더 나은 결과를 만들어낼 수 있음을 보여주어야 한다.

물론 대부분의 직장인은 현재 업무만으로도 벅차기 때문에 새로운 일을 반기지 않는다. 때로는 그들의 비위를 맞추거나, 밥이나 술을 사 는 '투자'도 필요하다. 그래도 효과가 없다면, 해당 업무를 전담할 직원 을 공식적으로 요청하는 것도 방법이다. 명분이 생기면 조직에서도 쉽 게 거부할 수 없다.

신뢰를 얻기까지는 묵묵한 시간도 필요하다. 그리고 내가 만든 업무 성과를 인정받고, 회사의 공식 프로세스에 포함될 만큼 자리 잡게 되 면, 앞으로의 일은 훨씬 수월해진다.

만약 충분한 시간이 지나도 변화의 기미가 전혀 없고, 단 한 명도 내

말을 들어주거나 지지하지 않는다면, 그 회사에 더 이상 머무를 이유는 없다. 변화 자체를 두려워하는 조직이거나, 기존 방식에 안주해 새로운 것을 받아들일 준비가 안 된 곳일 가능성이 크다. 물론 내 능력이 부족할 수도 있다.

이럴 때는 무리하게 버티며 자신을 소모하지 말아야 한다. 변화 없는 환경에서 혼자 희생하는 것은 순간에는 '열정'처럼 보여도, 결국 자신을 갉아먹는 일과 다름없다. 회사는 인생 전부가 아니며, 시간과 에너지는 한정되어 있다.

그래서 직장 생활에서의 '내 편'은 단순한 동료 이상의 의미를 가진다. 그는 나의 아이디어를 지지해 주고, 어려움이 닥쳤을 때 방패가 되어 주며, 때로는 나보다 먼저 나를 믿어준다. 단 한 명이라도 그런 사람이 있다면, 혼자서는 감당하기 어려운 변화를 끝까지 밀어붙일 힘이 생긴다.

하지만 그 한 명조차 없다면, 결정을 내려야 한다. 나를 지지하는 사람이 단 한 명도 없는 곳에서 모든 싸움을 홀로 치르며 버티는 것은 장기적으로 결코 건강하지 않다. 회사 생활의 궁극적인 목적은 '소모'가 아니라 '성장'이기 때문이다.

결국 직장 생활의 핵심 전략은 단순하다. 자신의 에너지를 어디에 쓸지, 그리고 그 에너지를 받아 줄 사람이 있는지를 판단하는 것이다.

떠난 뒤에도 남는 관계의 힘

직장을 떠난다는 것은 단순히 출근하던 공간을 떠나는 것 이상의 의미를 지닌다. 그곳에서 쌓아온 시간과 경험뿐 아니라, 함께 일했던 사람들과 맺은 관계도 함께 놓아야 한다고 생각하기 쉽지만, 실제로는 그 관계들이 오히려 우리 인생에서 중요한 자산으로 남는다.

앞장에서 이야기했듯, 비즈니스 관계는 적당한 거리감을 두고 관리하는 것이 필요하다. 업무에서는 서로의 역할과 책임이 분명하지만, 퇴사 후에는 그 틀을 벗어나 자연스럽고 편안한 관계로 전환하는 노력이 중요하다. 단절하거나 미련을 품기보다는, 새로운 형태의 연결고리를 만들어 가는 것이다.

퇴사 후에도 연락이 이어지는 동료나 상사가 있다면, 그것은 단순한 업무 관계를 넘어선 신뢰와 존중에 기반한 인연이다. 이런 관계는 업무상의 도움을 주고받는 비즈니스 네트워크로서뿐만 아니라, 인생의 든든한 동반자로서 힘이 되어 준다. 또 다른 관계는 '가볍게 안부를 묻는' 친구 같은 편안한 관계를 유지하는 것이다.

비록 물리적으로는 떨어져 있지만, 진심으로 맺어진 인연은 쉽게 사라지지 않는다. 시간이 흐를수록 서로에 대한 이해와 존중이 쌓이며, 관계는 더욱 단단해진다. 일터에서 함께 겪은 어려움과 성공, 기쁨과 좌절은 관계의 깊이를 더한다. 특히 힘든 순간에 보여준 작은 배려나 응원은 오랫동안 기억에 남아, 떠난 뒤에도 서로를 지탱하는 힘이 된다.

퇴사 후에도 남는 관계는 단지 과거의 흔적이 아니라, 현재와 미래를 연결하는 든든한 자산이다. 새로운 환경과 도전에 마주할 때, 이런 인연들이 예상치 못한 도움과 힘이 되어준다. 또한, 떠난 뒤에도 남는 관계는 물질적인 지원을 넘어 마음의 위로와 성장의 밑거름이 된다.

물론, 관계를 계속 유지하는 일이 쉽지만은 않다. 바쁜 일상과 물리적 거리, 새로운 환경 속에서 자연스레 멀어지기 쉽기 때문이다. 하지만 가끔씩 안부를 묻거나 특별한 날에 작은 연락을 주고받는 것만으로도 관계는 충분히 이어질 수 있다. 중요한 것은 양보다 질과 꾸준함이며, 무리하지 않고 진심 어린 마음으로 다가가는 태도다.

또한 떠날 때 미처 풀지 못한 감정이나 갈등이 있다면, 시간이 흐르면서 서로를 이해하려는 노력도 필요하다. 누구나 완벽하지 않고, 때로는 오해와 상처가 쌓이기도 한다. 그런 상처를 인정하고 용서하는 과정이 진정한 관계 회복의 시작이며, 이는 타인과의 관계뿐 아니라 자신을 위한 치유이기도 하다. 마음의 짐을 내려놓을 때, 관계는 새로운 의미를 갖고 성장할 수 있다.

퇴사라는 큰 변화를 맞이했을 때, 그동안 맺었던 관계를 어떻게 유지하고 발전시킬지 의식적으로 고민하는 것은 매우 중요하다. 적당한 거리와 건강한 경계 속에서 진심 어린 소통을 이어간다면, 떠난 뒤에도 남는 관계의 힘은 분명히 큰 힘이 될 것이다.

삶은 계속해서 변하고, 우리는 새로운 길을 걷는다. 그 과정에서 관계도 변화하지만, 진심과 존중이 담긴 인연은 언제나 당신 곁에 남아 있을 것이다. 떠난 뒤에도 이어지는 소중한 인연을 아끼며 지켜나가는 용기를 가지자. 그것이야말로 단단해진 나를 지탱하는 또 하나의 힘이 될 것이다.

7장

*

일과 나 사이의 균형

현실적인 집중과 선택

현실적인 집중과 선택은 누구에게나 필요하다. 우리의 시간과 에너지는 한정되어 있고, 모든 기회와 목표를 동시에 잡을 수는 없다. 무조건 많이 한다고 해서 원하는 성과를 얻을 수 있는 것도 아니다. 그래서 중요한 것은 욕심을 줄이고, 나에게 정말 필요한 것과 그렇지 않은 것을 명확히 가려내는 일이다. 그래야 지치지 않고 오래 달릴 수 있다.

한동안 나는 '시작의 다름'을 인지하고, 남들보다 더 많은 노력과 시간을 투자해야 한다고 믿었다. 그래서 일을 할 때도 승진과 높은 연봉을 목표로 달려왔고, 그 과정에서 '더 많은 일을, 더 빨리, 더 완벽하게 해내야 한다'는 생각이 늘 마음을 압박했다. 하루가 모자라고, 주말조차 부족하다고 느끼는 나날이 반복되면서 마음과 몸은 점점 지쳐갔다.

물론 노력의 결과는 일정 부분 따라왔다. 속한 기업에서 최연소로 과장, 차장, 팀장을 맡았고, 연봉 역시 비슷한 규모의 기업과 비교했을 때 만족할 만한 수준이었다. 그러나 항상 순탄한 것은 아니었다. 회사 상황이 좋지 않아 연봉이 몇 년간 연속 동결된 적도 있었고, 그럴 때마다 조급함은 더 커졌다. 겨우 따라잡았다고 생각하면 또다시 뒤처지는 기분이 들었다.

더 높이 올라가기 위해 여러 일을 동시에 진행하다 보면 마음은 금세 피로로 가득 찼다. 하루를 마치고 집으로 돌아오면 육체적인 무거움뿐 아니라 정신적인 공허함까지 남았다. 경력이 쌓일수록 맡을 수 있는 일은 많아졌지만, 시간은 여전히 한정되어 있었다. 과거에는 개인 시간을 희생하며 업무를 처리해도 어떻게든 결과를 만들어낼 수 있었지만, 업무가 복잡해지고 난이도가 높아지자, 방법을 알고 있어도 시간 부족은 피할 수 없었다.

그때 문득 스스로에게 물었다. "언제까지 이런 방식으로 버틸 수 있을까?"

결국 중요한 것은 현실적인 집중과 선택이었다. 진정으로 중요한 일이 무엇인지, 그리고 내가 감당할 수 있는 한계는 어디까지인지 분명히 하지 않으면 아무리 노력해도 성과는 제한적일 수밖에 없다. 성취가 있더라도 마음의 평안은 찾아오지 않는다.

현실적인 선택을 위해서는 무엇보다 스스로의 한계를 인정하는 용기가 필요하다. 몸과 마음이 지쳤을 때는 잠시 멈추고 휴식을 취해야 한다. 때로는 필요한 도움을 요청하는 것도 지치지 않고 오래 달릴 수 있는 방법이다.

또 하나 중요한 요소는 비교하지 않는 것이다. 종종 다른 사람의 성과와 비교하며 자신을 몰아붙이게 되지만, 현실적인 집중과 선택을 실천하면서 삶의 기준과 속도를 존중하는 것이 얼마나 중요한지 알게 된다. 다른 사람과 비교하기보다, 나에게 맞는 에너지와 가치에 따라 선택하고 그 안에서 최선을 다하는 것이 진정한 의미를 가진다. 우리는 각자의 삶을 살아가는 존재이지, 누군가의 삶을 따라가야 하는 존재가 아니다.

현실적인 집중은 단순히 우선순위를 정하는 것에 그치지 않는다. 하루 시간을 들여 나의 에너지와 집중력을 분석하고, 진짜 중요한 일에만 몰입하는 과정이다. 아침 시간은 집중력이 가장 좋으므로 그 시간에는 핵심 업무를 처리하고, 점심 이후에는 회의나 반복적인 문서 작업을 배치한다. 이렇게 시간과 에너지를 효율적으로 관리하면, 한정된 시간 속에서도 업무의 질을 높일 수 있다.

삶의 다른 영역에도 적용할 수 있다. 인간관계, 건강, 취미, 자기계발 등 모든 활동에서 중요한 것에 집중하고, 불필요한 것들은 줄이는 연습이 필요하다. 나는 집중력이 좋은 오전 시간에는 R&D 작업이나 글쓰기, 독서 등을 하고, 오후에는 반복적인 정리나 계획 세우기에 시간을 배치한다. 저녁 시간에는 여행 계획을 세우거나 보고 싶었던 영상이나 영화를 보며 휴식을 취한다. 환경 또한 중요하다. 집에서 집중하기 어렵다면, 도서관이나 적당한 소음이 있는 카페도 좋은 선택이 될 수 있다. 카페 특성상 장시간 머무르기보다 적당한 시간만 집중하고, 이동하며 환경을 바꾸는 것도 불필요한 신경을 쓰지 않고 집중력을 유지하는 방법이다.

많이 하는 것보다 제대로 하는 것이 중요하다. 본인에게 맞는 시간과 방법으로 집중할 수 있을 때, 하루의 밀도는 높아지고 삶 자체도 건강하게 유지된다. 본인에게 맞는 패턴을 찾는 건 삶의 방법을 찾는 것과 같다.

현실적인 집중과 선택은 하루아침에 완성되는 것이 아니다. 반복과 실천을 통해 점점 몸에 배는 습관이 된다. 매 순간, 언제, 어디서, 어떻게 행동할지 선택하며 살아가는 경험이 쌓이면, 더 강해지고, 더 현명해지며, 더 만족스러운 삶을 만들어갈 수 있다. 작은 선택 하나하나가 모여 삶의 전체를 바꿀 수 있게 된다.

일 중독에서 벗어나야 하는 이유

'일'은 단순한 생계 수단을 넘어, 어느새 삶의 중심이 되기 쉽다. 끝없이 경쟁해야 하는 직장, 쉴 틈 없는 업무 요청, 끊임없는 성과 평가 속에서 사람들은 자신도 모르게 일에 몰입하게 된다. 하는 일이 천직으로 여겨진다면 더더욱 일에 빠져든다. 아침에 눈을 뜨면 바로 업무가 떠오르고, 잠들기 전까지도 머릿속을 떠나지 않는다. 성취감과 책임감은 일종의 중독처럼 작용한다. 작은 성과에도 만족을 느끼지만, 그 만족감이 오히려 더 깊은 업무 집착으로 이어지기도 한다.

프로젝트 마감에 몰두하거나, 이메일과 메신저 알림을 확인하는 시간조차 쉬지 못하는 경우가 그렇다. 처음에는 '조금만 더 하면 된다', '이번 주만 열심히 버티자'라는 마음으로 스스로를 다독인다. 이러한 '일 중독'은 성공을 갈망하는 사람이라면 찾아올 수 있다.

한때 나도 일을 내 삶의 전부라고 생각하며 살아왔다. 아침에 눈을 뜨면 제일 먼저 업무가 떠오르고, 밤늦게 잠자리에 들 때까지 머릿속은 일로 가득했다. 나도 성취감과 책임감이 주는 일종의 짜릿함에 중독이 되었던 것이다. 누군가 "대단하다"는 칭찬을 건네면 마음 한편이 뿌듯해졌고, 그 뿌듯함은 나를 더 깊은 일의 구렁텅이로 끌어들였다. 그러나 이 상태는 결코 건강하지 않았고, 행복한 삶과는 거리가 멀었다는 것을 시간이 흐를수록 분명히 알게 되었다.

처음에는 작은 신호들이 찾아왔다. 몸이 쉽게 피곤해지고, 잠이 와도 깊이 잠들지 못했다. 가벼운 두통과 스트레스가 일상처럼 따라붙었다. 하지만 나는 이를 무시했다. '조금만 더 하면 끝난다', '이 일이 지나면 쉴 수 있겠지'라는 위로로 나 자신을 달랬다. 그러나 그런 위로는 오래 가지 않았다. 마음은 점점 지쳐갔고, 삶의 다른 영역에서 즐거움을 느끼지 못했다. 가족과 친구, 그리고 나 자신에게 보내야 할 관심과 사랑이 서서히 사라졌다.

매년 지인들과 함께하는 송년회 자리에서도 변화가 느껴졌다. 예전에는 웃음과 추억이 오가던 대화가 어느새 회사 이야기, 업무 스트레스 하소연으로 가득했다. 작년에도, 재작년에도 똑같았다. 집에 돌아와 곱씹어 보니, 나는 늘 부정적인 말만 쏟아내고 있었고, 그조차도 오직 '나 자신'에 대한 하소연뿐이었다. 되돌아보니 후회가 밀려왔다.

일에 매달린 삶은 대화마저 좁히고, 사람을 점점 고립시킨다. 다양한 시각과 경험을 나누는 대신, 회사와 업무라는 좁은 울타리 안에서만 생각하고 말하게 된다. 그러다 보니 일에서 한발 물러났을 때 삶은 공허하게 느껴지고, 결국 "나는 일 말고 무엇으로 설명될 수 있을까?"라는 질문 앞에 서게 된다. 그래서 우리는 일 중독에서 벗어나야 한다. 일을 잘하는 것도 중요하지만, 일 외에도 나를 풍성하게 만드는 경험이 필요하다. 그래야 사람들과의 대화가 넓어지고, 삶의 무게 중심이 회사가 아닌 '나 자신'에게 돌아온다. 일에서 벗어나는 시간은 단순한 휴식이 아니라, 나를 다시 사람답게 만드는 시간이다.

물론 벗어나야 한다는 생각과 동시에 두려움도 있었다. 일에서 손을 떼면 나의 존재 의미가 희미해질까 봐, 성취감을 느낄 수 없을까 봐, 주변 사람들의 시선을 감당하지 못할까 봐 불안했다.

이렇게 일 중독이 되면 만성적인 피로, 수면 부족, 두통, 소화 불량 같은 신체적 신호뿐만 아니라, 가족과 친구와의 관계가 소원해지고, 즐겁게 느껴야 할 일상 속에서도 쉽게 만족을 느끼지 못하게 된다.

연구와 사회적 관찰에서도 비슷한 현상이 확인된다. 장시간 노동과 과도한 업무 몰입은 우울, 불안, 번아웃으로 이어지며, 직무 만족도와 삶의 질을 동시에 낮춘다. 특히 자기 삶의 주도권을 잃고, 하루하루를 단순히 '일을 위한 시간'으로만 보내게 될 때, 개인의 행복과 자기 성장을 막는 장애물이 된다. 결국 일 중독은 단순한 성취욕의 문제를 넘어, 삶 전반의 균형을 해치고 자기 자신을 소외시키는 위험을 내포한다.

그렇기에 우리는 일 중독에서 벗어나야 한다. 일을 잘하는 것만큼이나, 일 외에도 나를 풍요롭게 만드는 경험이 필요하다. 가족과 친구, 자연과 함께하는 시간, 취미와 사색, 독서와 여행 같은 일상들이 그 해답이 될 수 있다. 이런 활동들은 우리에게 삶의 균형을 되찾게 하고, 자기 자신에게 중심을 돌리게 하며, 진정한 행복과 만족을 느끼게 한다.

진정한 가치는 얼마나 오래, 얼마나 많이 일했는가에 있지 않다. 내가 삶을 얼마나 온전히 살아가고, 자신을 얼마나 돌보는가에 있다. "괜찮다. 조금 느리게 가도 된다. 나 자신을 먼저 챙겨야 한다." 이렇게 스스로에게 속삭이는 순간, 숨은 한결 가벼워진다.

작은 변화부터 시작하면 된다. 매일 업무 시간을 계획하고, 퇴근 후에는 휴대폰과 이메일을 잠시 내려놓자. 책을 읽거나 산책을 하거나, 음악을 들으며 나만의 시간을 가져보자. 잠시 숨을 고르는 것만으로도 몸과 마음이 회복되고, 집중력과 창의력이 되살아남을 느낄 수 있을 것이다.

일 중독에서 벗어나려면 스스로를 이해하고 수용하는 태도가 필요하다. 완벽하지 않아도 괜찮고, 모든 일을 다 해내지 않아도 된다. 중요한 것은 지금 이 순간 내 몸과 마음의 신호를 듣고, 휴식을 허락하는 것이다.

일에서 잠시 벗어나면 비로소 보이기 시작한다. 가족과 친구의 웃음, 소소한 일상의 즐거움, 자연과 나누는 작은 순간들. 그 속에서 삶의 균형과 행복을 느끼고, 깊은 내면에서 진정한 만족감을 경험할 수 있다.

일을 쉬는 것도 경력이다

어쩌면 우리는 너무 오래, 쉬는 법을 잊고 살아왔는지도 모른다. 늘 달려야만 한다는 강박 속에서 '쉰다'는 건 마치 나약함의 증거처럼 느껴진다. 오랫동안 일을 쉬는 건 실패처럼 보였고, 한 번 멈추면 그동안 쌓아온 자리에서 밀려날 것 같은 불안이 마음 깊숙이 뿌리내린다. 그래서 우리는 주말에도, 공휴일에도, 때로는 몸이 아파도 일을 멈추지 않는다. 휴가가 주어져도 차마 손을 놓지 못한다. 일을 멈추지 않는 것이 성실함의 증거이고 능력의 척도라고 믿었기 때문이다. 하지만 되돌아보면 그 믿음은 나를 지탱해 주는 신념이 아니라, 나를 옭아매는 사슬이다.

인생에는 나이에 따라 누릴 수 있는 경험이 있다. 스무 살의 여행과 마흔 살의 여행은 다르다. 머리가 빠르게 돌아가고 몸이 가벼울 때만 시도할 수 있는 일들이 있다. 그때의 경험은 단순한 추억이 아니라, 나를 단단하게 만드는 '생존의 경력'이 된다. 나는 20대 후반부터 해외여행을 1년에 네 번 정도 다녔다. 주변에서는 자주 다닌다고 했지만, 지금 돌이켜보면 더 어릴 때 더 많이 다녔어야 했다. 새로운 곳에서 그 나이 때 얻는 경험은 단순한 소비가 아니라, 미래의 나에게 주는 투자였기 때문이다.

여행이 그러하듯, 휴식 또한 단순한 소비가 아니다. 휴식은 '지금 이 순간의 나'를 소모하는 게 아니라, '앞으로의 나'를 위한 투자다. 우리는 그 기회를 자주 미룬다. "지금은 바빠서 안 돼.", "조금만 더 참았다가…" 하고 스스로를 달래지만, 결국 그 '조금만'이 몇 년, 몇십 년으로 흘러가 버린다. 그리고 몸과 시간이 더 이상 마음대로 움직이지 않는 순간이 찾아오면, 미뤄둔 시간들이 후회와 허무함으로 돌아온다. 지나간 시간 속에서 채우지 못한 공백은 조용히 그러나 깊게 우리 마음에 스며든다.

휴식은 도망이 아니다. 진정한 의미의 휴식은 단순히 일을 내려놓는 것이 아니라, 몸과 마음을 회복시키고 나를 다시 숨 쉬게 하는 과정이다. 어느 날 조용한 카페 한쪽에 앉아 책을 읽으며 생각났다. 이렇게 '아무 일도 하지 않는 순간'이 내 마음의 먼지를 털어내고 있었다는 것을. 바람이 부는 길을 산책하거나, 좋아하는 음악을 들으며 눈을 감는 짧은 순간에도 몸과 마음은 스스로를 치유한다. 휴식은 시간 낭비가 아니라, 부서지지 않도록 나를 다시 붙이는 과정이다.

우리는 경력을 기본적으로 '얼마나 오래, 얼마나 많이 일했는가'로만 평가한다. 그러나 진짜 경력은 거기에만 있지 않다. 쉼 속에서 다져진 통찰, 회복을 통해 얻은 에너지야말로 오래가는 경력의 기반이다. 일을 쉬면서 몸과 마음을 돌보고, 생각을 정리하고, 새로운 관점과 아이디어를 얻는 것도 경력의 일부다. 잠시 멈추는 동안 스스로를 더 깊이 이해하게 된다.

휴식은 삶을 돌아보게 만드는 시간이다. 그동안 걸어온 길, 이뤄낸 성취, 그리고 놓쳐버린 소중한 것들. 일에 몰두하느라 멀어진 가족과 친구, 한때 나를 웃게 했던 소소한 일상의 즐거움들을 다시 느낀다.

처음엔 휴식이 낯설고 불안하다. 마음속에선 '쉬면 뒤처진다'는 목소리가 계속 속삭인다. 하지만 그 목소리는 사실 내 안에 있는 두려움일 뿐이다. 시간이 지나면 알게 된다. 휴식은 뒤처짐이 아니라, 앞으로 나아가기 위한 준비라는 것을. 마치 긴 달리기를 하다 잠시 숨을 고르는 것처럼, 그 과정이야말로 경험을 축적시켜 나를 성장시키는 투자라는 것을.

휴식은 이제 사치가 아니라, 계획적으로 관리해야 할 자산이다. 거창한 계획이 부담스럽다면, 일상에서 작은 습관부터 시작하자. 충분한 수면, 가벼운 운동, 건강한 식사, 명상과 산책 등, 이 단순하고 작은 습관들이 하루를 충만하게 만들고, 집중력과 효율을 높여 준다.

휴식은 삶의 우선순위를 다시 세우는 시간이다. 무엇에 시간을 쏟고, 무엇을 내려놓을지를 선택하는 과정에서, 나 자신과 더 친밀해지고, 내 삶의 방향을 더 명확하게 볼 수 있다. 그 덕분에 일에만 매몰되지 않고, 사람과 관계, 그리고 삶 전체를 균형 있게 바라볼 수 있게 된다.

휴식은 경력의 공백이 아니라, 경력의 일부다. 필요할 때 과감히 쉬고 자신을 돌보는 것이야말로 경력을 단단하게 만드는 토대다. 쉬는 시간 동안 쌓인 에너지와 통찰은, 다시 일할 때 더 큰 성취와 만족으로 돌아온다. 잠시 멈추는 것은 결코 실패가 아니다. 오히려 더 나은 내일을 위해 반드시 필요한 과정이다.

휴식을 통해 우리는 더 강해지고, 새로운 경험을 하고, 지혜로워지고, 행복해질 수 있다. 일을 쉬는 순간은, 나를 회복하고 성장시키는 경험이자, 가장 값진 경력이 될 수 있다.

일보다 나를 먼저 챙기는 습관

요즘 사회에 진입하는 세대는 '일'보다 '나'를 더 우선순위에 둔다. 회식보다 개인의 약속을, 야근보다 친구와의 저녁을, 성과보다 마음의 평온을 더 중요하게 여긴다. 정작 하루 대부분을 회사에서 보내면서도, 일은 인생의 중심이 아니라 하나의 수단으로 받아들인다. 이는 게으름이나 무책임의 문제가 아니다. 오히려 삶의 주도권을 지키려는 자연스러운 움직임이다.

하지만 한 세대 전만 해도 상황은 달랐다. 나를 포함해 많은 사람들은 '일'을 삶의 우선순위로 두고 살아왔다. 출근 시간보다 일찍 나와 준비하고, 맡은 업무는 끝까지 책임지며, 때로는 개인의 시간을 희생해 가며 조직과 함께했다. 그 시절의 우리는 '일을 통해 성장하고, 일로써 존재를 증명한다'는 믿음 속에 살았다.

세대마다 삶과 일을 바라보는 관점은 달라진다. 중요한 건 어느 쪽이 옳고 그르냐가 아니다. 일이 인생의 대부분을 차지하던 시대를 지나, 이제는 삶의 한 부분으로 자리한 지금. 우리가 진정으로 고민해야 할 것은 "어떻게 일과 나 사이의 균형을 지킬 것인가"이다.

많은 사람은 미래를 위해 오늘을 투자한다. 매달 월급을 받아 생활을 꾸리고, 조금이라도 저축하며 언젠가 닥칠 불확실한 상황에 대비한다. 하지만 어느 순간 깨닫게 된다. 미래를 준비하느라 오늘을 잃고 있다는 사실을.

젊음이 주는 활력, 건강할 때만 할 수 있는 도전, 사랑하는 사람들과의 웃음 가득한 순간들까지. 지나고 나면 두 번 다시 돌아오지 않는다. 처음엔 괜찮다고 스스로를 달랜다. "조금만 더 버티면 된다." 하지만 그 '조금만'이 몇 달, 몇 년을 삼켜버리고, 뒤돌아봤을 땐 소중한 시간들은 어느새 사라지고 손에 남은 게 기대보다 적다. 그렇게 오늘을 희생하다 보면, 결국 내일도 행복하지 않다. 미래를 준비하는 건 필요하다. 그러나 지나간 시간은 다시 오지 않는다는 단순한 진실을 잊어서는 안 된다.

나 역시 일에 치여 좋아하던 여행을 수없이 미뤄왔다. "일이 좀 줄어들면 가야지." 그렇게 핑계를 대며 몇 년을 기다렸지만, 막상 시간이 생겼을 땐 몸은 지쳐 있었고 마음은 이미 메말라 있었다. 여행은 늘 반쪽짜리였고, 그 끝엔 허무함만 남았다. '이러려고 그렇게 일만 했던 걸까?' 하는 자책도 따라왔다.

건강도 마찬가지다. 평소 운동을 좋아하던 사람도 야근과 회의에 치여 주말엔 침대에만 눕게 된다. 그러다 보니 작은 감기에도 쉽게 무너지고, 집중력은 떨어지고, 마음은 점점 무기력해진다. 미래를 위해 오늘을 희생한다는 게, 사실은 내일의 가능성까지 갉아먹고 있었던 것이다.

그래서 필요한 건 거창한 변화가 아니라, 나를 존중하는 작은 허용이다. 아침에 창문을 열고 깊게 숨 쉬는 일, 출근 전 따뜻한 커피를 마시며 스스로의 상태를 확인하는 일, 퇴근 후 스마트폰을 내려놓고 좋아하는 음악을 들으며 산책하는 일. 이런 사소한 습관 하나하나가 쌓이면, 마음은 가벼워지고 삶은 숨을 되찾는다.

가끔은 가족이나 친구와의 시간을 의식적으로 일정에 넣자. 공원 산책, 카페에서의 대화, 소소한 웃음. 그런 순간들이 삶의 긴장을 풀어주고, 우리가 왜 사는지를 다시 느끼게 한다. 작은 행복이 모여야 큰 성취도 의미를 가진다.

처음에는 불안하다. "쉬면 뒤처질까?" 하는 목소리가 마음을 흔든다. 그러나 그건 두려움의 속삭임일 뿐이다. 나를 돌보는 시간이 늘어날수록, 오히려 일에선 더 집중할 수 있고, 관계에선 더 따뜻해질 수 있다.

완벽하지 않아도, 모든 걸 다 해내지 않아도 괜찮다. 중요한 건 오늘의 나를 존중하며 자신을 먼저 챙기는 습관은 사치가 아니라, 장기적 성장을 위한 전략적인 선택이다.

8장

*

변화를 마주하는 순간들

왜 이직을 고민하게 되는가

한참 본인의 몸값이 올라가는 시점이 있다. 산업이나 직무마다 차이는 있지만, 일반적으로 입사 후 3년 정도가 지나면 반복적인 업무는 실수 없이 해내고, 5년 정도면 주도적으로 프로젝트를 담당하거나 기획 단계에서부터 참여할 수 있는 실무자가 된다. 이쯤 되면 누군가는 첫 번째 이직을 고민하게 된다.

3년 차쯤이 되면, 흔히 '회사에 대한 불만'이 이직의 출발점이 된다. 연봉 인상률이 기대에 못 미치거나, 리더와의 갈등, 승진 누락 등 이유는 다양하다. 처음에는 그저 묵묵히 참고 견디지만, 1~2년간의 평가가 누적되면 결국 "나는 이 회사에서 더 성장할 수 있을까?"라는 근본적인 질문으로 이어진다.

그에 비해 5년 차쯤의 이직은 보다 전략적인 경우가 많다. 업계 흐름을 읽고, 자신의 커리어를 재정비하거나, 더 나은 기회를 향해 주도적으로 움직인다. 이직 시장에서도 이 시기의 인재를 선호하는 경향이 있다. 어느 정도 실무 경험이 쌓였고, 기업 문화에 적응할 유연성도 있기 때문이다.

나는 4년 차 무렵에 업무가 익숙해지고, 반복되는 루틴에서 성장이 멈춘다는 느낌을 받았다. 그때 '남아서 안정을 선택할 것인가, 아니면 바깥으로 나가 새로운 기회를 찾아볼 것인가' 사이에서 오래 고민했다.

이직을 결심할 때 중요한 판단 기준 중 하나는 '회사가 나를 제대로 평가하고 있는가'이다. 평가와 보상이 일치하지 않는 환경은 생각보다 흔하다.

해마다 OKR(Objectives and Key Results)이나 KPI(Key Performance Indicator)를 성실히 달성하더라도, 평가자는 개인 성과보다 팀의 실적, 조직 분위기, 회사 상황 등 여러 이유로 점수를 깎을 수 있다. 때로는 관리자와의 관계, 내부 정치, 개인적 호불호로 인해 승진이 미뤄지는 일도 잦다.

나 역시 한 해 동안 성과를 분명히 입증했음에도 불구하고, 회사 사정이 어렵다는 이유로 연봉이 동결된 경험이 있다. 돌아온 답변은 단순히 "성과는 좋았지만, 회사 상황이 좋지 않다"는 말 한마디뿐이었다. 게다가 시간이 흘러 회사 사정이 나아진다 해도, 과거에 동결된 연봉이 특별히 반영되어 더해지는 경우는 거의 없다.

물론, 회사나 관리자가 불공정하게 평가해 승진이나 연봉 인상 기회를 빼앗는 경우도 많다. 이럴 때는 함께 일한 동료들이 자신을 어떻게 평가하는지를 돌아보는 것이 더 정확한 척도가 될 수 있다. 관리자 평가와 동료 평가가 크게 다르다면, 이미 공식 평가가 왜곡되었을 가능성이 높다.

다만, 단순히 '연봉이 적다'는 이유만으로 이직을 결정하는 것은 위험하다. 연봉 협상 과정에서 투명성과 공정성, 그리고 장기적인 성장 기회까지 제공됐다면, 단지 기대치가 높아 불만이 생긴 것일 수도 있기 때문이다.

만약 연차에 걸맞은 성과를 내고, 전년 대비 더 많은 업무를 처리했음에도 불구하고 평가 결과가 납득되지 않는다면, 이직을 진지하게 고려해 볼 시점일 수 있다. 그럴 때는 조직의 시선을 바꾸려 애쓰기보다, 자신의 가치를 제대로 인정받을 수 있는 환경을 찾는 것이 오히려 더 건강하고 현실적인 선택이다.

조직에 오래 남는다고 해서 반드시 보상받는 것은 아니다. 기업은 겉으로는 "성과 중심"을 외치지만, 내부에서는 오래 다닌 사람에게 더 관대하거나, 오히려 그들을 부담스러워하는 분위기가 공존한다.

한 부서에 오래 있으면 '그 일밖에 못하는 사람'이라는 인식이 생기기도 하고, 신규 조직 개편이나 MZ세대 중심의 인사 구조 속에서 오히려 배제되는 일도 생긴다. 또한, "고인 물이 썩는다"는 말처럼, 지나치게 편안함에 안주하다 보면 성장의 기회도, 외부와의 경쟁력도 점점 사라진다. 문제는 자신은 익숙함 속에 있는 줄 모르다가, 나중에 바깥에서 요구하는 역량과 트렌드와의 괴리를 체감하며 뒤늦게 당황하는 것이다.

이직은 타이밍과 이유가 중요하다. 중요한 것은 "왜 이직하느냐", "무엇을 얻기 위해 움직이느냐"이다. 이직의 이유가 단지 '지금 회사가 싫어서'라면, 새 회사에서도 금세 한계를 느낄 가능성이 크다. 하지만 본인의 가치와 시장의 수요를 분석하고, "이 기회를 통해 어떤 경험을 더 얻을 수 있을까?"를 고민한 이직은 분명 더 큰 성장으로 이어질 수 있다.

기업 입장에서의 관점도 이해하자. 기업 입장에서 인재를 보는 시각도 이해할 필요가 있다. 한 조직에 오래 남는 것이 무조건 좋은 것만은 아니지만, 반대로 2~3년마다 이직한 이력은 기업 입장에서 리스크 요인으로 보인다. "이 사람은 조금만 불만이 있어도 떠나는 사람인가?"라는 의심이 생기기 때문이다.

나는 팀장으로 채용관리자로 있었을 때, 이력은 화려하지만 한 직장에 오래 있지 못한 사람들을 다수 만났다. 스펙과 경력은 좋았지만, 그 안에 일관된 방향성이 없거나, 조직에 적응하려는 태도가 보이지 않으면 서류에서부터 많이 탈락되고 최종 면접까지 가지 못했다.

기업은 단순히 '잘하는 사람'보다, '조직과 함께 성장할 사람'을 찾는다. 단기적으로 성과를 내는 사람보다, 중장기적으로 기업에 기여할 수 있는 사람, '머물 수 있는 사람'이 결국 좋은 인재로 분류된다.

커리어의 주도권은 결국 '자기 인식'에서 시작된다. 이직은 실패가 아니다. 오히려 커리어의 방향을 스스로 선택하고, 자신의 가치를 검증하는 과정이다. 하지만 방향이 없는 움직임은 반복될 수 있고, 결국 자신도 지치고 시장에서도 신뢰를 잃을 수 있다. 이직은 누군가를 피해 도망치는 일이 아니라, 더 나은 나를 만들기 위한 선택이어야 한다.

떠날 때, 멋진 나로 남기 위해

사람은 누구나 여러 번 '이별'을 경험한다. 직장을 떠날 수도 있고, 관계를 떠날 수도 있으며, 어떤 무대나 자리에서 내려와야 할 순간도 반드시 찾아온다. 문제는 이별 자체보다 어떻게 떠나는가이다. 떠나는 방식은 그 사람의 진짜 태도와 품격을 드러낸다. 마무리를 성급히 하거나 다리를 끊듯 떠나면 그 순간은 속 시원할지 모르지만, 결국 가장 큰 손해는 자신에게 돌아온다. 반대로 끝까지 책임을 다하고 떠난 사람은 언젠가 다시 만났을 때도 떳떳하고, 무엇보다 스스로에게 부끄럽지 않다. 그래서 떠날 때야말로, 더 멋진 사람이 되어야 한다.

나 역시 두 번의 퇴사를 겪었다. 하나는 임금 체불 때문이었고, 다른 하나는 마음이 먼저 탈진한 곳이었다. 상황은 달랐지만, 떠날 때마다 내 마음에는 같은 질문이 떠올랐다. "어떻게 떠나는 게 나에게 가장 좋은가?" 퇴사를 결정했다고 해서 지금 다니는 회사를 가볍게 대할 수는 없었다. 오히려 최대한 피해를 주지 않으며 마지막 순간까지 책임감 있게 임하는 것이 중요하다.

임금 체불은 분명 부당한 일이었다. 나 역시 신고라는 선택지를 고민할 만큼, 생존적으로나 감정적으로는 한계에 다다른 상태였다. 그러나 그럼에도 회사에 업무적으로 폐를 끼치고 싶지는 않았다. 비록 나에게 피해를 준 회사였지만, 내가 맡았던 일은 끝까지 책임감 있게 정리하고 떠나는 것이 옳다고 믿었다. 결국 현실적인 대응은 하되, 남은 기간 동안 맡은 일을 모두 마무리하고 회사를 나왔다. 이후에도 업무 관련 연락이 오면, 퇴근 후나 휴가를 내서 돕기도 했다.

되돌아보면, 체불된 임금과 언제 받을지 모르는 퇴직금, 제대로 받지 못한 처우 등에 대한 억울한 감정이 없었다면 거짓말일 것이다. 그러나 업무에 임하는 태도만큼은 최선을 다했기에, 뒤끝 없이 마음을 정리할 수 있었다. 덕분에 나는 스스로에게 더 당당하게 다음을 준비할 수 있었다.

또 한 번의 퇴사는 내가 더 이상 버틸 수 없어서 내린 결정이었다. 조직의 변화가 오랫동안 직무 성장을 가로막았고, 회사 생활의 답답함은 점점 심해졌다. 멀쩡히 잘 지내던 순간에도 숨이 잘 쉬어지지 않고, 갑자기 바닥으로 꺼지는 듯한 기분이 들곤 했다. 결국 나는 회사를 떠날 수밖에 없었다. 그런데 이상하게도, 그곳을 나서며 마지막 인사를 건네며 이렇게 말했다. "제가 하던 일은 혹시라도 문제가 생기면 언제든 연락 주세요." 상처받은 마음이 분명 있었지만, 내가 맡아온 일을 미련 없이 놓아버리고 싶지 않았다. 내가 떠난 자리에서 누군가가 더 힘들어지는 것도 원치 않았다.

이직이나 퇴사는 누구에게나 일어날 수 있는 일이다. 그러나 떠나는 순간부터는 오히려 더 프로페셔널한 태도가 필요하다. 나 역시 인수인계를 문서로 꼼꼼히 정리했고, 후임자가 이해하기 쉽도록 최대한 설명하려고 노력했다. 마음속에 감정이 있었지만, 복수심은 없었다. 마지막까지 책임을 다한 사람이었다는 사실은 이후 나의 경력에도, 내 마음에도 긍정적인 흔적으로 남았다.

물론 회사를 향한 억울한 감정이 사라진 건 아니었다. 때로는 모든 걸 폭로하고 싶은 충동이 밀려오기도 했다. 하지만 결국 행동으로 옮기지는 않았다. 이유는 단순했다. 그렇게 하면 나 자신이 더 나빠지기 때문이다.

나를 힘들게 했던 사람들과 똑같은 방식으로 대응하는 순간, 스스로를 잃게 된다. 그래서 끝내 내가 늘 그래왔던 대로 책임감 있게 일했고, 마지막 순간까지 품위 있게 마무리하고 싶었다. 상처를 받은 자리에서 또 다른 상처를 남기는 대신, 내 방식대로 떠나는 편이 더 나은 선택이었다.

언젠가 다시 만나게 되는 세상이다. 어떤 방식으로든, 어떤 장면에서든. 그때 '그 사람, 마지막까지 일 잘하고 깔끔하게 나갔었지'라는 말을 듣게 된다면, 그것만큼 든든한 자산도 없다.

실제로 퇴사 후 얼마 지나지 않아, 나와 업무가 크게 겹치지는 않았지만 회의에서 한 동료가 다른 동료에게 이렇게 말했다는 이야기를 들었다. "일 잘하는 사람 나가고, 새로운 사람 들이네." 직접 들은 것도 아닌데, 그 말은 의외로 깊게 마음에 남았다. 그동안의 고생을 조금은 알아주는 듯한 기분이 들었기 때문이다. 떠난 이후에도 남는 것은, 지금의 감정보다 기억 속 태도와 흔적이라는 사실을 실감했다.

퇴사를 통보하고 나면, 새로운 일이 잘 주어지지 않는다. 그것은 회사가 나를 홀대해서가 아니라 효율을 따지는 계산일 뿐이다. 괜히 억측하거나 불필요하게 감정을 소모할 필요가 없다. 그 시간에는 완료하지 못한 일을 정리하고, 인수인계 문서를 남기며, 후임자가 쉽게 이해할 수 있도록 설명하는 데 집중하는 것이 더 낫다. 다행히 나는 평소에도 업무를 꼼꼼히 정리하고 관리 툴을 활용했기에, 시간이 부족하지 않았다. 덕분에 갑작스러운 야근이나 무리 없이 하루하루를 차분하게 마무리할 수 있었고, 그 과정에서 신기하게도 내 감정도 조금씩 회복되기 시작했다.

회사는 내가 떠나도 돌아간다. 하지만 내가 남긴 흔적은 오래 남는다. 좋은 마음가짐으로 회사를 떠나면, 언젠가 그것이 내게도 좋은 일로 되돌아온다. 무엇보다 중요한 것은, 회사를 떠나는 순간의 내가 이전보다 조금 더 괜찮은 사람이 되는 것이다.

이별은 끝이 아니다. 오히려 다시 시작할 기회를 만드는 과정이다. 그 시작을 더 멋지게 맞이하기 위해, 마지막을 품위 있게 마무리하자. 떠날 때, 더 멋진 사람이 되기로 하자.

퇴사 후 반드시 마주하는 감정들

퇴사는 언제나 인생의 큰 전환점처럼 다가온다. 내 의지로 내린 결단이든, 전혀 예상치 못한 상황을 불가피하게 맞이한 결과이든, 그 이후에는 '준비되지 않은 휴식'이라는 낯선 시간을 경험하게 된다.

퇴사 직후 며칠, 혹은 몇 주 동안은 해방감이 밀려온다. 아침 알람 소리에 억지로 일어나지 않아도 되는 자유, 보고서와 회의에서 벗어난 여유, 쌓였던 피로가 조금씩 사라지는 기분. 그 순간만큼은 "퇴사하길 잘했다"라는 안도와 확신이 든다. 그러나 동시에, 늘 바쁘게 살아오던 일상이 멈추고 정해진 할 일이 사라지면, 어디론가 끌려가듯 공허함이 찾아온다. 누군가와 끊임없이 소통하며 살아온 사람이, 갑자기 고요 속에 던져졌을 때 느끼는 낯선 허전함이다.

하지만 이런 해방의 시기는 오래가지 않는다. 시간이 흐를수록 감정은 점차 불안으로 이동한다. 줄어드는 통장 잔고, 뚜렷하지 않은 앞날, 다시 사회로 들어갈 수 있을까 하는 두려움이 마음을 무겁게 누른다. 불안이 커질수록 "내가 정말 잘한 선택일까?", "이 길이 맞을까?"라는 질문이 끝없이 반복된다. 이때 불안을 견디지 못하면 '안정'을 이유로 아무 직장이나 급히 들어가게 된다. 그러나 준비 없이 들어간 직장은 오히려 더 큰 불만을 낳고, 다시 퇴사라는 선택을 부른다. 이 악순환은 너무나 흔하다.

퇴사 후에 가장 피해야 할 것은 '고립'이다. 집 안에만 머물며 외부와의 연결을 끊는 순간, 무너짐은 빠르게 찾아온다. 물론 집에서 새로운 공부를 하거나, 디지털로 수익을 창출하는 등 생산적인 활동을 이어간다면 훌륭하다. 하지만 사회적 접점까지 닫아버린다면, 우울은 조용히 스며들어 일상 전체를 집어삼킨다. 하루 종일 한마디도 하지 않는 날이 늘어나고, TV와 OTT 콘텐츠에 몰입하다 보면 시간은 눈 깜짝할 사이에 흘러간다. 생활 패턴은 뒤죽박죽이 되고, 무너진 리듬은 다시 사회로 나가는 데 훨씬 큰 벽이 된다.

따라서 의도적으로라도 집 밖으로 나가야 한다. 멀리 갈 필요는 없다. 도서관, 카페, 공원처럼 가벼운 외출만으로도 충분하다. 중요한 건 '적당히 자극이 있는 환경' 속에 자신을 두는 것이다. 아침에 씻고, 옷을 입고, 신발을 신고 집을 나서는 작은 행위만으로도 달라진다. 단정한 모습을 유지하는 것 역시 남의 시선을 의식하기 위함이 아니다. 이는 스스로를 존중하고, 다시 일어설 준비가 되어 있음을 확인하는 자기 선언과 같다.

이렇게 생활 리듬을 회복한 뒤에 새로운 가능성을 쌓아가야 한다. 그동안 미뤄둔 학습을 시작하거나, 관심 있었던 기술을 배우고, 단기 프로젝트나 온라인 강의에 참여하는 것도 좋다. '무언가 하고 있다'는 감각이 다시 자신을 붙들어 준다. 작은 발걸음이지만, 그것들이 모여 나를 다음 단계로 이끌어주는 힘이 된다.

물론 불안과 회의감은 주기적으로 찾아온다. 하루에도 몇 번씩 마음이 요동칠 수 있다. 하지만 그것은 퇴사 후의 자연스러운 과정이다. 중요한 건 이 감정을 억누르거나 부정하는 것이 아니라, 올 것을 예상하고 받아들이는 태도다. 파도가 밀려올 것을 아는 서퍼가 중심을 잃지 않듯이, 감정의 파도 앞에서 준비된 마음가짐을 갖추는 것이다.

또 하나 반드시 지켜야 할 것은 사람과의 연결이다. 퇴사 후 혼자 있는 시간이 길어질수록 사회적 관계망은 빠르게 줄어든다. 그러니 의도적으로 약속을 만들고, 친구나 지인과 정기적으로 만나는 시간을 계획하자. 때로는 "지금 힘든 시기를 지나고 있으니 함께 있어주면 좋겠다"라는 솔직한 말 한마디면 충분하다. 진짜 친구라면 그 말만으로도 기꺼이 곁을 지켜줄 것이다. 반대로 그런 부탁조차 무심히 흘려버리는 사람이 있다면, 이번 기회에 관계를 재정비할 수도 있다.

퇴사 후의 시간은 두려운 공백기가 아니다. 나를 재정비하고, 방향을 새로 잡으며, 성장의 기회를 마련할 수 있는 중요한 시기다. 해방감, 불안, 회의감. 이 모든 감정은 거쳐야 할 당연한 과정이다. 중요한 건 그 과정 속에서 자신을 방치하지 않는 것이다. 생활 리듬을 지키고, 사회와 연결을 유지하며, 스스로를 성장시키는 선택을 이어간다면, 이 시기는 결코 공백이 아니다. 오히려 다시 도약하기 위한 가장 단단한 준비 기간이 된다.

다시 시작하는 길

  퇴사 후 우리는 낯선 길 위에 선다. 익숙했던 공간과 역할에서 벗어나면 처음에는 불안과 혼란이 밀려온다. 하지만 그 속에는 이전에는 보지 못했던 가능성과 기회도 함께 열려 있다. 중요한 것은 두려움에 눌리지 않고, 내 속도대로 한 걸음씩 다시 나아가는 것이다. 완벽한 계획이나 확실한 목표가 없어도 괜찮다. 작은 발걸음을 반복하다 보면 길은 조금씩 열리고, 경험은 차곡차곡 쌓인다.

  다시 시작하는 길은 곧 자신을 돌아보는 시간이다. 이전 직장에서 배운 것, 실패와 성공, 고민과 좌절까지 모두 새로운 도전의 밑거름이 된다. 특히 어려운 상황을 이겨낸 경험은 앞으로의 선택에서 자신감을 주고, 과거의 실수는 더 이상 짐이 아니라 성장의 발판이 된다. 그때 느꼈던 스트레스와 갈등, 불안과 압박은 이제 더 현명한 판단과 행동으로 이어지는 기준이 된다.

  무엇보다 중요한 건 스스로에게 솔직해지는 것이다. 나는 진정으로 무엇을 원하는가? 무엇을 얻기 위해서 무엇을 내려놓을 수 있는가? 새로운 길은 결코 순탄하지 않을 수 있다. 그래서 모든 것을 붙잡으려 하기보다, 정말 원하는 것을 위해 포기할 수 있는 것도 있는지 되묻게 된다. 그 과정에서 일상의 작은 선택이나 가치관도 다시 평가하게 되고, 마음과 몸이 진짜 원하는 것에 귀 기울이는 순간이 찾아온다. 그것이 앞으로의 삶을 설계하는 첫걸음이다.

다시 시작하는 길에서는 배우고 경험하려는 태도가 큰 힘이 된다. 새로운 기술을 익히거나 관심 있는 분야를 탐색하고, 다양한 사람들과 경험을 쌓는 일은 단순한 지식 습득을 넘어 미래와 커리어를 직접적으로 연결하는 자산이 된다. 실패를 두려워하지 않고, 시도하고 배우며 적응하는 과정 자체가 성장이다. 오히려 이전의 실패와 좌절은 새로운 도전에서 안전장치가 된다. 같은 실수를 반복하지 않도록 지켜주는 울타리가 되기 때문이다.

또한, 내 안의 단단함을 키우는 것도 필요하다. 외부의 평가나 환경에 휘둘리지 않고, 나만의 기준과 가치를 세워 선택할 수 있어야 한다. 단단함은 단순히 버티는 힘이 아니다. 불확실함과 불안을 마주하면서도 스스로의 결정을 신뢰하고 실천할 수 있는 힘이다. 작은 성공과 경험이 쌓일 때, 그 단단함은 더욱 커진다.

이 과정에서 자기 돌봄과 휴식은 선택이 아니라 필수다. 새로운 환경은 몸과 마음을 쉽게 지치게 만든다. 충분히 쉬고 회복하는 시간을 가져야만 꾸준히 앞으로 나아갈 수 있다. 삶과 일의 균형을 지키며 나를 돌보는 습관은 장기적인 성장과 성공을 위한 중요한 전략이다.

다시 시작하는 길은 단순히 직장을 옮기거나 새로운 일을 찾는 과정이 아니다. 그것은 나의 삶을 다시 설계하고, 잠재력을 새롭게 발견하며, 성장할 기회를 만드는 과정이다. 결국 중요한 것은 스스로를 믿고,

나에게 맞는 속도로 나아가며, 경험과 배움을 쌓아가는 것이다. 작은 선택과 실천이 모이면 큰 변화를 만들고, 불확실한 미래 속에서도 흔들리지 않는 나만의 길을 열어 준다.

이별 뒤 다시 시작하는 길은 과거와의 단절이 아니다. 오히려 새로운 가능성으로 이어지는 출발점이다. 이 길 위에서 쌓이는 경험과 단단함은 앞으로 마주할 수많은 도전을 헤쳐 나가는 든든한 힘이 될 것이다.

9장

*

선택과 실수, 나를 다시 만드는 시간

실수 속에서 배우는 삶의 길

완벽한 사람은 없다. 누구나 살아가며 실수할 수 있고, 때로는 규정이나 법을 어기는 일이 생기기도 한다. 그것이 고의적이지 않았고, 누군가에게 중대한 피해를 주지 않았다면, 일정 부분은 이해 가능한 범위일 것이다.

예를 들어, 인적이 드문 시골길에서 무단횡단을 하거나, 감정이 격해진 순간에 거친 말을 내뱉는 일은 누구나 한 번쯤 겪는 실수다. 물론 경미한 실수라도 반복되면 누군가에게 상처를 줄 수 있고, 결국 책임에서 자유로울 수 없다.

살면서 한 번쯤은 들어 봤을, 어렵지 않은 말이 있다. 앞장서서 모범을 보여야 한다는 '솔선수범(率先垂範)'이란 말이다. 삶의 기본 원칙처럼 여겨지지만, 실제로 이를 온전히 지키며 사는 사람은 드물다.

직장에서도 마찬가지다. 팀장이 팀원에게 지각하지 말라고 지적하면서, 정작 자신이 더 자주 지각한다면 신뢰는 무너진다. 팀장은 감정이 격해져 실수를 한 것이 아닌 의도된 지적을 한 것이다. 결국 말보다 중요한 것은 행동이다. 누군가를 지적하기 전에, 자신의 태도부터 돌아보는 것, 그것이 진짜 리더십이다.

한편, 삶의 모든 순간을 규범과 법에 맞춰 단 한 치의 오차도 없이 살아간다는 것은 현실적으로 매우 어려운 건 맞다. 특히 현대 사회처럼 빠르게 변하고, 각자의 삶이 팍팍한 시대에는 더욱 그렇다.

지금은 과거의 실수까지 소환당하는 시대에 살고 있다. 대표적인 예가 인사청문회다. 고위 공직자의 자질을 검증하는 과정에서 수십 년 전의 사소한 위반이나 흐릿한 기억 속 실수까지 도마 위에 오른다.

우리는 모든 법과 규정을 정확히 알 수 없다. 해마다 바뀌는 세부 조항, 해석에 따라 달라지는 사례들, 일상 속 수많은 규칙들 속에서 어느 정도는 무지 속에 살아간다. 그래서 때로는 '상식'이 법보다 더 강력한 기준이 되기도 한다. 타인에게 피해를 주지 않으려 조심하고, 눈치를 보고, 분위기를 살피는 일은 종종 피로하게 느껴진다.

바르게 살기 위해 늘 정직하고 신중하려 애쓰는 사람도, 때로는 꼼수를 쓰는 이들에게 기회를 빼앗긴다. 그럴 때 우리는 문득 이렇게 묻게 된다. "나는 왜 이렇게까지 정직하게 살아야 하는가?"

그럼에도 불구하고, 규범과 법, 그리고 기본적인 도덕을 지키려는 노력은 여전히 중요하다. 왜냐하면 그 기준이 무너지는 순간, 사회는 불신으로 가득 차고, 그 안에서 살아가는 개인 역시 결국 피해를 입기 때문이다.

원칙에도 예외는 존재한다. 법이 삶 자체를 짓누르거나, 억울한 결과를 만들어 내는 구조라면, 그 법은 재검토되어야 한다. 사람을 위한 법이어야지, 법을 위한 사람이 되어선 안 된다.

결국 우리가 지켜야 할 것은 '상식의 선'이다. 완벽할 수는 없어도, 스스로 납득할 수 있는 선택을 하고, 타인에게 부끄럽지 않게 행동하며, 문제가 생겼을 때 책임질 수 있는 태도. 그게 바로 우리가 법과 규범 안에서 살아가는 이유이자, 공존을 위한 최소한의 약속이다.

누군가를 지적하기 전에 먼저 나 자신을 돌아보는 태도, 나 역시 실수할 수 있음을 인정하는 겸손, 그리고 같은 실수를 반복하지 않으려는 의지. 이 세 가지가 성숙한 개인을 만들고, 나아가 사회를 건강하게 만든다.

우리는 완벽할 수 없다. 누구든 실수하고, 순간의 판단 앞에서 흔들릴 수 있다. 하지만 자신을 조금씩 바로잡아가며 살아갈 수는 있다. 스스로를 다듬어가는 것. 그것이 우리가 법과 규범 속에서 살아가는 이유이자, 삶의 길이다.

잘못된 선택이 알려주는 것들

살다 보면 누구나 한 번쯤은 뒤돌아보며 후회하게 되는 선택을 한다. 새로운 직장을 옮기면서도, 새로운 공부를 시작하면서도, 심지어 인간관계 속에서도 우리는 늘 '이 길이 맞을까?'라는 불안을 품고 살아간다. 그 불안은 마음속에 조용히 자리 잡아, 어느 순간에는 가벼운 설렘을 짓누르고, 또 어느 순간에는 스스로를 흔드는 파도처럼 몰려온다. 시간이 흐르고 나면, "그때 왜 그랬을까"라는 후회가 마음을 무겁게 누른다. 하지만 조금만 시선을 달리하면, 잘못된 선택은 결코 인생의 낭비가 아니라는 사실을 깨닫게 된다. 오히려 그것은 방향을 좁혀주는 소중한 경험이며, 자신을 더 깊이 이해하게 해주는 거울과도 같은 존재다.

새로운 직장을 선택할 때는 언제나 기대와 설렘이 함께한다. 나를 한 단계 더 성장시켜 줄 무대가 될 것이라 믿고, 더 나은 조건과 환경에서 인정받으며 일할 수 있으리라 상상한다. 그러나 몇 달이 지나지 않아 불편한 진실이 드러난다면, 그 무게는 상상 이상으로 크다. 회사의 문화가 나와 맞지 않거나, 상사의 언행이 매일같이 자존심을 갉아먹는다면, 아침에 눈을 뜨는 순간부터 출근길 발걸음은 한없이 무거워진다.

하루하루가 버텨야만 하는 시간으로 변하고, 마음 한 구석은 점점 지쳐간다. 그때 가장 먼저 찾아오는 감정은 자책과 두려움이다. "왜 이 회사를 선택했을까, 왜 더 꼼꼼히 알아보지 않았을까, 내 커리어는 이제 끝난 걸까." 머릿속에서는 끝없이 자책이 쏟아지고, 마치 하나의 잘못된 선택이 내 전부를 무너뜨린 듯한 두려움이 마음을 뒤덮는다.

그 두려움 속에서 불안은 꼬리를 물고 이어지며, '앞으로 어떻게 될까, 나는 다시 시작할 수 있을까'라는 질문이 잠들지 않는다. 이어서 수치심이 몰려온다. 주변 사람들에게 "그만뒀다"고 말할 때 느껴지는 어색함, 다시 이력서를 쓰며 느끼는 난처함, 남들보다 뒤처진 것 같은 열등감이 마음을 짓누른다. 그리고 후회가 뒤따른다. '차라리 그때 다른 선택을 했더라면'이라는 생각이 끝없이 이어지고, 머릿속에서 반복되는 회한의 장면들도 떠오른다.

하지만 중요한 것은, 이 모든 감정이 지나간 뒤에야 비로소 얻어지는 것은 깨달음과 통찰이다. 두려움과 수치심, 후회의 뒤편에는 한 가지 분명한 진실이 자리한다. "이제 나는 이 길을 가지 않겠다"는 결심과, "이 경험 덕분에 내가 원하는 것이 무엇인지 조금 더 알게 되었다"는 통찰이다. 잘못된 선택은 단순히 부정적인 사건으로만 볼 일이 아니다. 오히려 그 선택 덕분에 우리는 자신을 더 깊이 들여다보고, 원하는 것과 원하지 않는 것을 알게 된다. 그 과정 속에서 진짜 나의 길이 서서히 드러난다.

짧게 다닌 직장, 맞지 않는 전공, 오래 지속되지 못한 인간관계···. 모두 후회와 아쉬움을 남긴다. 하지만 그런 경험들이 있었기에 우리는 '적어도 이 길은 내 길이 아니다'라는 확신을 얻을 수 있다. 더 이상 불필요한 에너지를 쏟지 않아도 된다는 자유이며, 앞으로 나아가야 할 길을 더 선명하게 좁혀주는 역할을 한다. 마치 수많은 길 중에서 하나씩 지워 나가며 내 길을 찾아가는 과정과도 같다. 잘못된 선택은 단순한 낭비가 아니라, 결국 자신을 더 선명하게 만드는 과정인 것이다.

그때는 실패처럼 느껴졌지만, 시간이 흐른 뒤 돌아보면 그 경험 덕분에 다른 길을 선택할 수 있다. 누구나 겪는 과정이다. 그러니 잘못된 선택 앞에서 자신만 특별히 부족하다고 생각할 필요는 없다. 오히려 그것은 살아 있는 사람이라면 누구나 거치는 삶의 통과의례다. 우리는 실패를 통해 더 선명한 삶의 그림을 완성해간다. 완벽하게 올바른 길만 걸어왔다면 지금의 자신은 훨씬 더 빈약했을지도 모른다. 잘못된 선택이 있었기에, 진짜 나다운 삶에 조금씩 더 가까워질 수 있었던 것이다.

앞으로도 우리는 수많은 선택을 해야 한다. 그중에는 또다시 잘못된 길이 있을지도 모른다. 그러나 이제는 두렵지 않다. 왜냐하면 그것조차 내 삶을 더 명확하게 해주는 과정임을 알기 때문이다. 이렇게 생각해 보자. "실패는 돌아가는 길이 아니라, 더 나은 길로 가기 위한 우회로일 뿐이다." 이 태도야말로 실패 앞에서도 무너지지 않고, 오히려 그것을 발판 삼아 성장할 수 있는 힘이 된다. 실패한 이직, 금방 그만둔 직장, 어울리지 않았던 관계도 결국 우리에게 말한다. "이건 아니다"라는 확신조차 성장의 일부라고. 그러니 잘못된 선택 앞에서 좌절하지 말자.

완벽한 선택보다 실행이 중요한 이유

완벽한 선택을 기다리는 동안, 우리는 종종 머릿속에서 끝없는 계산을 반복한다. 장단점을 비교하고, 예상되는 실패를 상상하며, 주변 사람들의 시선까지 고려한다. 그러나 아무리 고민해도 100% 확신 있는 선택은 없다. 삶에서 확실한 길은 존재하지 않기 때문이다. 결국 길은, 직접 부딪히고 실행하며 배우는 과정 속에서 열린다.

중요한 것은 머릿속에서만 완벽을 추구하며 시간을 허비하지 않는 것이다. 선택을 통해 얻는 경험은 결과와 상관없이 우리를 성장시키고, 앞으로 나아갈 방향을 조금씩 선명하게 만들어 준다. 행동을 통해 얻은 통찰은 계산과 고민만으로는 결코 얻을 수 없는, 살아 있는 배움이다.

물론 시간과 자원이 많이 드는 일이라면, 확신이 반 정도일 때는 잠시 멈추는 것도 현명하다. 이때 실행으로 잃게 될 시간과 자원보다, 현재 상태를 유지하며 얻는 안정과 여유가 더 큰 가치를 줄 수 있기 때문이다. 하지만 만약 그 경험에서 얻는 배움과 성장의 가치가 더 크다고 느껴진다면, 주저하지 말고 시도해야 한다. 확신이 반을 넘는 순간이라면, 한 발을 내딛는 것이 필요하다. 부딪히면서 배우고, 실패를 통해 다시 방향을 잡으며 나아가는 경험은, 어떤 머릿속 계산보다도 훨씬 깊고 풍부한 성장을 안겨준다.

실행에는 늘 불안이 따른다. 처음 도전할 때는 실패의 그림자가 마음을 짓누르고, 예상치 못한 장애물이 나타나면 당황과 좌절이 찾아온다. 그러나 그 불안 속에서도 한 걸음을 내딛는 용기가 중요하다. 움직이는 순간 우리는 불확실을 견디는 힘을 조금씩 키우고, 스스로에 대한 신뢰를 회복한다. 실행하지 않고 머물러 있는 시간은, 기회와 성장을 놓치는 시간이 될 뿐이다.

또한 행동을 시작하는 과정에서 우리는 예상치 못한 소중한 깨달음을 얻는다. 계획에 없던 순간 속에서, 스스로 몰랐던 강점과 가능성을 알아차리기도 하고, 뜻밖의 기회와 인연을 맞이하기도 한다. 아무런 행동 없이 머뭇거리는 동안에는 이런 경험과 배움은 결코 찾아오지 않는다. 완벽한 선택만을 기다리며 손을 놓고 있는 시간은, 결국 내 안에 숨겨진 성장과 가능성을 놓쳐버리는 시간이 된다.

실행을 통해 얻는 배움은 자신만의 기준과 철학을 만들어 준다. 행동으로 얻은 경험 속에서 자신에게 맞는 것과 맞지 않는 것을 명확히 알게 된다. 이를 통해 다음 선택에서 흔들리지 않는 나침반 같은 판단 기준이 생기고, 자신감 있는 발걸음을 이어갈 수 있다.

완벽한 선택은 존재하지 않는다. 중요한 것은 발을 내딛고 부딪히며 배우고, 필요하면 조정하며 나아가는 과정이다. 길을 잃는 듯한 순간도 있지만, 그것조차 성장의 일부다. 한 걸음씩 움직이며 길을 찾는 과정에서 스스로를 믿고, 더 선명한 길을 발견한다.

살아가면서 수많은 선택을 해야 한다. 그중 일부는 또다시 잘못된 선택일지도 모른다. 그러나 이제는 두려움 없이 실행할 수 있다. 왜냐하면 그것조차도 삶을 더 명확하게 만들어주는 과정임을 알기 때문이다. "실패는 돌아가는 길이 아니라, 더 나은 길로 가기 위한 우회로일 뿐이다." 완벽함을 기다리기보다, 행동하고 부딪히며 배우는 순간 우리는 성장하고, 더 성숙한 자신과 마주하게 된다.

결국 완벽한 선택보다 중요한 것은, 실행을 통해 경험하고 배우며 길을 찾아가는 용기다. 그 과정에서 얻는 통찰과 성장은 어떤 완벽한 선택도 줄 수 없는, 살아 있는 사람만이 누릴 수 있는 선물이다. 행동 없는 고민은 공허할 뿐이며, 부딪히는 순간 비로소 삶의 진짜 길이 열린다.

두 번째 인생을 위한 선택

올라가는 길이 있다면, 내려가는 순간도 있다. 그 하강이 있어야 비로소 다시 높이 오를 수 있다. 한 직장에서 승진에 실패하거나 연봉 협상에서 기대에 못 미쳤다 해도, 그것이 인생의 실패를 의미하지는 않는다. 설령 퇴사를 하더라도 잠시 물러남은 또 다른 시작이 될 수 있다. 새로운 길을 선택할 용기만 있다면, 경력은 언제든 다시 쌓아 올릴 수 있다.

내려감은 끝이 아니다. 다시 오르기 위해 잠시 숨을 고르는 시간일 뿐이다. 새로운 힘을 모으는 준비 과정이 필요한 것이다. 내려옴 속에서 우리는 방향을 다시 정리하고, 잊고 있던 자신의 진짜 모습을 마주하게 된다. 그 시간이 헛된 공백처럼 보일지라도, 결국은 다시 도약하기 위한 발판이 된다.

한 무대가 끝났다고 해서 인생 전체의 막이 내리는 것은 아니다. 오히려 그것은 더 큰 무대에 서기 위한 작은 종결일 수 있다. 첫 번째 무대에서 쌓아온 경험은 사라지지 않는다. 그것은 두 번째 무대에서 더 깊어진 목소리와 단단해진 내면으로 드러난다.

많은 사람들이 '처음부터 다시 시작하는 것 아닌가?'라는 두려움 때문에 새로운 선택을 망설인다. 그러나 경력은 단절되는 것이 아니라, 쌓이고 이어지는 것이다. 지금까지 걸어온 길에서 얻은 경험과 배움은, 다른 길로 향할 때도 반드시 발판이 된다.

두 번째 인생을 시작할 용기를 갖기 위해서는 먼저 자기 자신을 알아야 한다. '내가 정말 하고 싶은 일은 무엇인가?', '내가 할 수 있는 일은 무엇인가?' 이 두 가지 질문에 대한 답을 적어보고, 그 교집합을 찾아보자. 하고 싶은 일과 할 수 있는 일이 만나는 지점이 바로 두 번째 인생의 출발선이 된다.

때로는 하고 싶은 일이 바로 실행 가능한 형태가 아닐 수도 있다. 그렇다고 해서 포기할 필요는 없다. 하고 싶은 일을 향해 조금씩 다가가기 위해, 지금 할 수 있는 일을 디딤돌 삼아보는 것이다. 그렇게 하면 방향을 잃지 않으면서도, 현실적인 성과를 만들어낼 수 있다.

두 번째 인생을 위한 선택은 완벽함이 아니라, 용기와 실행에 달려 있다. 새로운 길을 택하는 순간, 불안과 두려움이 따라오는 것은 자연스러운 일이다. 그러나 그 감정들조차도 우리가 여전히 살아 있고 앞으로 나아가고 있다는 증거다. 중요한 것은 단 한 번의 선택이 아니다. 그 선택 이후, 어떤 길을 만들고 어떻게 삶을 채워가느냐에 진정한 의미가 있다.

두 번째 무대에 올라선 이후, 우리는 이전보다 더 넓은 시야와 단단한 내면으로 삶을 바라볼 수 있다. 비로소 선택과 경험이 쌓여, 작은 성취와 순간의 즐거움 속에서도 행복을 느낄 수 있다.

첫 번째 인생에서의 실패와 좌절, 그리고 두 번째 선택에서의 시행착

오는 단순히 경력의 한 부분이 아니라, 나만의 삶을 풍요롭게 만드는 자양분이 된다. 이제는 결과만이 아니라 과정 자체에서 만족을 찾고, 자신이 원하는 방식으로 하루를 설계하며 살아갈 수 있다.

　두 번째 인생을 준비하며 깨닫는 가장 중요한 사실은, 행복은 거창한 성공이나 완벽한 선택에서 오는 것이 아니라, 스스로의 삶을 주체적으로 선택하고 경험하며 얻는 만족감 속에 존재한다는 것이다. 선택과 경험이 쌓인 만큼, 삶의 깊이와 여유가 더해지고, 그 안에서 자연스럽게 행복과 희망이 자리한다.

　결국 인생은 여러 번의 무대가 준비된 긴 연극과 같다. 첫 번째 막이 끝나면, 무대 뒤에서 잠시 호흡을 고르고 다음 막을 준비하면 된다. 그리고 그 다음 무대는 당신이 원하는 대로 다시 설계할 수 있다.

10장

*

행복을 선택하는 삶

일상의 선택이 만드는 만족감

우리는 선택과 경험, 실패와 성공을 통해 자신을 알아가고, 두 번째 인생의 길을 만드는 방법을 살펴보았다. 이제는 그 배움을 일상 속에서 어떻게 활용할지를 생각할 차례다. 삶은 거창한 순간보다 매일 반복되는 일상의 순간들로 채워져 있고, 바로 그 순간 속에서 행복과 만족감은 피어난다.

아침에 눈을 뜨고 바로 일어날지, 5분 더 누워 있을지, 점심에 무엇을 먹을지 같은 소소한 선택들이 하루를 만들어 간다. 저녁에 운동을 갈지, 집에서 책을 읽을지, 아니면 그냥 휴식을 취할지도 결국은 내가 하는 선택이다. 겉보기에는 사소해 보이지만, 그 모든 작은 선택이 모여 삶의 방향과 질을 결정짓는다.

우리가 매일 하는 선택은 단순히 행동의 결과만을 남기지 않는다. 스스로 선택했다는 자율성과 그 결과를 책임진다는 태도는 내면의 만족감으로 이어진다. "내가 원하는 대로 하루를 살고 있다"는 느낌은 단순한 성취감을 넘어, 삶의 행복을 확인하는 경험이 된다. 사람은 행복을 느낄 때 비로소 자신이 살아 있음을 체감하고, 그 경험이 우리를 다시 행복에 한 걸음 더 가까이 이끌어준다.

사실 우리는 매일 수많은 선택을 한다. 무엇을 입을지, 누구와 시간을 보낼지, 어떤 일에 집중할지 같은 작은 결정부터, 경력, 관계, 자기계발, 재무 계획처럼 무게감 있는 결정까지 다양하다. 중요한 것은 선택의 크기가 아니라, 선택을 실행하는 것이다. 내가 스스로 선택하고 책임질 수 있는 경험을 쌓을수록, 삶의 만족감은 더 깊어진다.

작은 선택을 실행하며 쌓이는 경험은 어느 순간 큰 만족감으로 돌아온다. 하루를 계획한 대로 실천했을 때 느끼는 뿌듯함, 누군가와 의미 있는 대화를 나누며 생겨나는 따뜻한 연결감, 새로운 도전을 선택해 경험한 뒤 얻는 성취감은 모두 삶의 풍요로 이어진다. 작은 선택이 모여 나의 하루를 바꾸고, 그 하루들이 모여 결국은 인생을 바꾸는 것이다.

행복은 거창한 일에서만 오지 않는다. 승진, 결혼, 이직 같은 굵직한 전환점에서만 찾아오는 것이 아니다. 오히려 행복은 우리가 살아가는 일상 속 선택을 통해 조금씩 모습을 드러낸다. 아침 햇살을 맞으며 산책을 선택했을 때 느끼는 청량감, 오랜만에 부모님께 전화를 걸어 안부를 전하며 얻는 따뜻함, 좋아하는 커피 한 잔을 스스로에게 선물하며 느끼는 여유까지. 모두 소소하지만 분명히 행복한 순간들이다.

때로는 이런 작은 선택이 나를 지탱하는 힘이 되기도 한다. 아무도 모르게 지친 하루 속에서, 스스로에게 휴식을 허락하는 선택이 삶을 다시 이어가는 원동력이 되기도 한다. 또 누군가의 부탁을 거절하고 내 시간을 지켜낸 선택은 자존감을 높이고, 나의 삶을 더욱 주체적으로 만들어 준다.

일상 속에서 쌓이는 선택은 단순히 하루의 방향만을 바꾸는 것이 아니라, 삶 전체의 태도를 만들어 간다. 내가 원하는 대로 삶을 꾸려 나갈 수 있다는 믿음은 곧 만족감과 행복으로 이어진다. 결국 행복은 멀리 있는 것이 아니다. 매일의 선택이 쌓여 자신만의 삶을 빚어낼 때, 우리는 조금 더 만족스럽고 의미 있는 하루를 살아가게 된다.

행복은 선택 속에서 자란다. 지금 이 순간, 내가 내리는 사소한 결정 속에서 자라고 있다는 사실을 기억해야 한다. 작은 선택을 실행으로 옮기고, 그 안에서 의미를 찾을 줄 알 때, 우리의 삶은 조금씩 더 풍요롭고 충만해진다. 그리고 그 과정 속에서 단순하지만 가장 중요한 행복을 얻는다.

행복은 기다리는 것이 아니라, 오늘 내가 내리는 선택 속에 이미 존재한다. 사소한 선택이 모여 인생을 빚고, 그 안에서 행복이 숨 쉬고 있다.

삶과 일의 균형 속에서 찾는 행복

일상 속 반복되는 하루에서 자신에게 맞는 균형을 발견할 때, 더 깊고 지속 가능한 만족감이 생기며 행복해진다. 삶과 일, 목표와 휴식, 성취와 회복의 균형은 단순히 몸과 마음을 지키는 장치가 아니라, 삶을 더욱 단단하고 풍요롭게 만드는 토대다.

앞서 살펴본 '선택의 힘'은 이 균형 속에서도 여전히 중요한 역할을 한다. 어떤 날은 과감히 일을 미루고 휴식을 선택해야 하고, 또 어떤 순간에는 두려움에도 불구하고 새로운 도전을 선택해야 한다. 이처럼 상황에 따라 균형 잡힌 선택을 이어갈 때, 하루는 조금 더 가볍고 유연해지며, 삶 전체가 보다 여유롭고 넉넉해진다.

균형을 잃은 삶은 한쪽으로 기울어진 저울과 같다. 일에만 몰입하다 보면 결국 번아웃에 빠지고, 지나친 휴식은 성취감을 앗아간다. 몰입과 회복이 서로 균형을 이루어야 비로소 건강한 삶이 만들어진다. 중요한 것은 '남들이 정한 기준'이 아니라 '나에게 맞는 속도와 방식'을 찾는 것이다. 어떤 이는 빠른 속도로 몰입하고 짧게 쉬는 것이 맞을 수 있고, 또 다른 이는 천천히 꾸준히 걸으며 충분한 회복을 누리는 것이 맞을 수 있다. 자신만의 리듬을 찾는 과정 자체가 행복으로 가는 길이다.

균형 속의 행복은 크고 거창하지 않다. 업무에 몰입한 뒤 저녁에는 가족과 함께 웃으며 보내는 시간, 친구와의 짧은 대화 속에서 느껴지는 위로, 홀로 걷는 산책길에서 얻는 평온함이 바로 그것이다. 혹은 목표를 향해 하루를 치열하게 달린 뒤, 주말에 잠시 자연 속에 들어 호흡을 고르고 자신을 돌아보는 순간이 될 수도 있다. 이런 작은 균형의 경험들이 쌓여 결국 삶의 질을 바꾸고, 더 큰 행복의 기반을 만들어 준다.

균형은 단순히 '쉰다'는 의미가 아니다. 오히려 균형 속에서 더 잘 달릴 수 있고, 더 멀리 나아갈 수 있다. 잠시 멈추어 자신을 돌보는 시간이 있기에 다시 앞으로 나아갈 힘이 생기고, 일과 성취에 몰입할 때 비로소 휴식의 달콤함도 온전히 느낄 수 있다. 결국 이 균형은 우리 삶의 리듬을 조율하는 가장 중요한 도구다.

지금 내가 있는 곳을 꿈의 장소로 만들고, 지금 하고 있는 일을 내가 원하는 선택으로 만드는 것. 가고 싶은 길을 원할 때 갈 수 있도록 작은 균형을 쌓아 가는 것. 그 과정에서 억지로 무언가를 증명하지 않아도 행복을 느낄 수 있다. 행복은 멀리 있지 않다. 균형을 통해 하루하루를 내 삶답게 살아가는 그 순간, 이미 우리 곁에 머물러 있다.

인연에서 얻는 기쁨

삶의 행복은 혼자만의 성취에서 오지 않는다. 사람과의 연결, 감사와 지지, 이해는 우리의 삶에 깊이를 더하고, 만족감을 풍부하게 만든다. 때로는 친구, 가족, 동료와 나누는 작은 대화 속에서 느끼는 따뜻함이 가장 큰 위로가 되기도 한다. 다른 사람에게 마음을 열고, 신뢰와 존중 속에서 관계를 쌓을 때, 우리는 자신의 선택이 타인과의 연결을 통해 더욱 값지게 작용한다는 것을 깨닫게 된다.

행복은 결국 관계 안에서 피어난다. 이전 장에서 확인한 선택과 경험을 이제 타인과 함께 나누며, 더 넓은 세상에서 의미를 발견하는 기반이 된다. 가족, 친구, 동료, 멘토와 나누는 대화와 상호 이해, 서로 돕는 과정 속에서 우리는 자신이 세상과 연결되어 있음을 느낀다. 이 감각은 단순한 즐거움을 넘어, 삶의 의미와 자신감, 나아가 행복의 토대를 만들어 준다.

내 경험에서도 이러한 순간은 분명했다. 고등학교와 대학교 친구들과 함께 떠난 해외 여행은 새로운 추억과 잊지 못할 경험을 선사했다. 함께 웃고 떠들며, 서로 다른 시선을 공유하는 시간은 단순한 즐거움을 넘어 마음속 깊은 안정을 주었다. 성인이 되고 나서는, 각자의 직장과 생활 패턴, 책임감 때문에 함께 여행을 다니기가 쉽지 않았다. 그래서 나는 혼자 여행을 떠나기 시작했다.

처음 혼자 떠난 여행은 낯설고 두려웠다. 무엇을 먹고, 어떻게 가야 할지 선택하는 순간마다 스스로 책임을 져야했다. 시간이 지나면서 혼자만의 시간은 오히려 생각을 정리하고, 가고 싶은 길을 걸으며 순간순간의 자유를 만끽할 수 있는 소중한 시간임을 깨닫게 되었다. 혼자만의 여행은 나에게 내면을 들여다보는 기회를 주었고, 동시에 자신을 더 깊이 이해할 수 있는 시간이었다.

하지만 혼자만의 여행이 항상 충분한 것은 아니었다. 나는 다른 사람들은 어떤 생각을 하고, 어떤 삶을 살아가는지 궁금해졌다. 그래서 동행을 찾아 함께 여행을 떠나기도 했다. 현지에서 합류한 친구도 있었고, 출발부터 함께한 동행도 있었다. 카이스트에서 로봇공학을 전공하며 유튜버로 활동하는 친구, 해외로 이직한 간호사, 전공의 의사, 세계 곳곳을 누비며 프리랜서로 일하는 친구 등 다양한 사람들을 만났다. 그들은 각기 다른 배경과 시선, 경험을 가진 존재였고, 나에게 새로운 세상을 열어 주었다.

함께한 여행 속에서 우리는 가볍게 시작한 대화 속에서도 서로의 고민과 생각을 자연스럽게 나누었다. 서로를 공감하며, 주변에 소문이 퍼질 걱정 없이 진솔하게 이야기를 나누는 순간, 삶의 고단함 속에서 느낄 수 있는 안도감과 위로가 찾아왔다. 여행 중에도 한국에서의 상황을 걱정하며 연락을 해주고, 작은 성취나 어려움에 대해 격려해주는 새로운 친구들 덕분에 마음이 한층 가벼워졌다. 불과 며칠을 함께했음에도 나를 기억하고 지지해주는 이들의 마음은 큰 힘이 되었고, 나 또한 이 인연들을 기억하고 소중히 여기는 것 자체가 기쁨이 되었다.

이 경험은 단순한 즐거움이나 추억을 넘어, 내 삶의 선택과 경험이 타인과 연결될 때 더욱 깊이 있는 의미로 확장된다는 것을 깨닫게 했다. 누군가에게 받은 조언과 격려는 새로운 선택을 가능하게 하고, 나의 경험과 배움을 공유할수록 그 가치는 더 커진다는 것을 알 수 있었다. 서로의 삶을 들여다보고 공감하며, 어려움을 함께 나누는 과정에서 우리는 자신이 세상과 연결되어 있다는 감각을 느끼게 된다.

관계 속 감사와 지지는 단순한 위로를 넘어, 나 자신을 돌아보고 성장하게 만드는 원동력이 된다. 누군가와 함께 고민을 나누고, 서로의 선택과 경험을 공유하는 순간, 우리는 더 넓은 시선과 깊이를 갖게 된다. 인간관계 속에서 느끼는 행복은 혼자 얻는 성취감과는 다르다. 그것은 삶의 깊이를 채우고, 마음을 따뜻하게 만드는, 나만의 풍요로운 기쁨이다.

마지막으로, 인연은 시간과 거리에 얽매이지 않는다. 잠시 함께한 여행의 동행일지라도, 짧은 순간 주고받은 관심과 지지는 오랫동안 마음속에 남는다. 삶의 여정에서 우연히 만나 스쳐 간 인연 속에서도 서로에게 작은 힘과 위로를 줄 수 있다. 이러한 경험들이 쌓일 때, 우리는 비로소 자신의 선택과 경험이 삶을 풍요롭게 만드는 순간임을 느낄 수 있다. 관계 속에서 피어난 행복과 기쁨은, 단순한 성취 이상의 의미로 삶 전체를 따뜻하게 채워준다.

미래를 설계하며 선택하는 행복

　지금까지 우리는 수많은 선택의 순간을 지나왔다. 첫 번째 선택은 서툴고, 두 번째는 조금 나아졌지만 여전히 불안했으며, 실패를 겪고 난 뒤라면 더욱 조심스럽다. 하지만 그렇게 쌓아온 선택의 흔적들이 결국 오늘의 '나'를 만들었다. 과거를 돌아보면 실수와 방황이 많았지만, 그 모든 순간이 결코 헛된 시간은 아니었다. 그것들은 내가 어떤 사람인지, 무엇을 원하는지, 어디로 가야 하는지를 알려주는 나침반이 되어주었다.

　과거의 경험은 단순한 기억이 아니다. 지금의 삶을 지탱하는 뿌리이며, 앞으로의 길을 결정하는 자산이다. 전공과 적성 사이에서 방황하던 고민, 적합한 무대를 찾기 위해 흘린 땀, 실패를 통해 배운 교훈, 관계 속에서 얻은 인연은 모두 미래를 설계하는 재료가 된다. 처음에는 단순한 선택처럼 보였던 결정들이 사실은 오늘의 삶을 위한 기반이 되어준 것이다.

　미래를 설계한다는 것은 곧 과거의 자신과 화해하고, 그 경험을 토대로 다음 단계를 만들어 나가는 것이다. 실패했다고 해서 인생이 끝난 것은 아니며, 잘못된 길을 걸었다고 해서 돌아올 수 없는 것도 아니다.

중요한 것은 '지금'이다. 지금 이 순간, 어떤 선택을 통해 미래를 다시 써 내려갈지를 결정하는 것이 진짜 설계의 시작이다.

삶은 늘 선택의 연속이다. 직업을 고르고, 관계를 맺고 끊으며, 새로운 기회를 잡거나 내려놓는 모든 순간이 인생의 방향을 바꾸는 선택이다. 때로는 예상치 못한 결과를 마주하기도 하고, 후회가 남기도 한다. 하지만 중요한 것은 한 번의 실패가 아니라, 그 이후의 태도다. 잘못된 선택에서 배우고, 다음에는 더 나은 결정을 내릴 수 있다면 그것만으로도 충분히 가치 있다.

무엇보다 '나만의 기준'을 세우는 것이 필요하다. 타인의 시선이나 사회의 잣대가 아니라, 내가 중요하게 여기는 가치와 방향을 중심으로 선택할 때, 비로소 삶은 흔들리지 않는다. 안정과 도전을 저울질하는 순간에도, 그 기준이 있으면 방향을 잃지 않는다. 때로는 조급함을 내려놓고 멈추는 것이 현명한 선택일 때도 있고, 두려움을 안고 앞으로 나아가는 용기가 필요할 때도 있다. 어느 쪽이든 그 결정이 '나의 기준'에서 비롯되었다면, 그것은 실패가 아닌 소중한 경험이 된다.

앞으로의 선택에서 중요한 또 하나의 요소는 균형이다. 일과 휴식, 몰입과 회복, 성취와 여유 사이의 조화는 단순히 삶의 질을 높이는 것을 넘어, 지속 가능한 행복의 토대가 된다. 우리는 이미 일 중독의 위험과 멈춤의 필요성을 느꼈다. 지나친 몰입은 번아웃으로 이어지고, 과도한 휴식은 성장의 기회를 잃게 만든다는 것을 경험했다. 미래를 설계한다는 것은 결국 이 균형을 조율하는 일이다. 언제 전력을 다해야 하고, 언제 멈춰야 하는지를 아는 것이 진정한 지혜다.

관계도 마찬가지다. 한 사람의 인생을 깊이 있게 만드는 힘은 결국 '함께 걷는 사람들'에게서 온다. 내 편이 단 한 명뿐이라도 충분하고, 떠난 뒤에도 남는 인연이 있다면 그것만으로도 삶은 단단해진다. 사람들과의 연결 속에서 배우는 것들, 서로의 다름을 인정하며 쌓아가는 신뢰는 미래를 설계할 때 가장 큰 버팀목이 된다. 결국 나를 성장시키고 지탱하는 힘도, 관계에서 비롯된다.

언젠가는 변화의 문 앞에 서게 된다. 익숙한 환경을 떠나 새로운 시작을 해야 하는 순간이 찾아온다. 그때 중요한 것은 완벽한 계획이 아니라 '용기'다. 새로운 길을 택하는 순간 불안과 두려움이 찾아오지만, 그것조차도 살아 있다는 증거다. 모든 것을 미리 다 알 수는 없지만, 지금 내가 아는 것과 가진 것 안에서 최선을 다해 한 걸음을 내딛는 것. 그것이 결국 미래를 바꾸는 힘이 된다.

행복은 멀리 있지 않다. 그것은 선택의 과정이며, 경험의 축적이고, 삶을 주도하는 태도에서 비롯된다. 누군가의 인생을 따라가는 것이 아니라, 내가 원하는 방향으로 나아가는 것. 남이 정한 속도가 아니라, 나에게 맞는 리듬으로 걸어가는 것. 바로 그것이 우리가 배워온 행복의 진짜 의미다.

과거의 흔적을 부정하지 말자. 그 모든 선택과 실수, 성취와 좌절이 지금의 나를 만든 것이다. 이제 그 자산을 바탕으로 새로운 내일을 설계할 차례다. 오늘의 작은 결정이 내일의 큰 변화를 만들고, 그 변화들이 쌓여 나만의 행복을 완성한다.

결국 우리는 매일 선택을 통해 자신만의 길을 만들어 간다. 그 길 위에서 때로는 넘어지고 다시 일어나며, 때로는 멈춰 서서 숨을 고르기도 한다. 그러나 한 걸음 한 걸음 나아가는 과정 자체가 바로 '삶'이다. 그리고 행복은 목표가 아니라 '과정'이며, 완벽한 답이 아니라 '지속적인 선택'이라는 것을 그 삶 속에서 우리는 알게 된다.

이 책이 전하는 마지막 메시지는 단순하다.

행복은 만들어지는 것이다.

과거의 경험을 토대로 현재를 주도하고, 미래를 설계하며, 선택 속에서 자신을 성장시키는 것. 그것이야말로 우리가 살아가야 할 이유이자, 두 번째 인생을 더 깊고 단단하게 만드는 힘이다.

에필로그

지금 이 순간을 살아가는 당신에게

당신이 걸어온 길에는 실패보다 배움이 많고,
후회보다 용기가 더 많습니다.
누군가는 당신의 속도를 느리다고 말할지 몰라도,
그 속도에도 분명한 이유가 있습니다.
너무 멀리 보려 하지 말고,
지금 이 순간 한 걸음만 내디뎌 보세요.
멈춘 시간도, 돌아간 길도
모두 당신의 인생을 단단하게 만드는 과정입니다.
완벽하지 않아도 괜찮습니다.
당신의 삶은 이미 충분히 괜찮습니다.
그저 오늘의 나를 믿고, 하루를 온전히 살아가는 것.
그 자체로도 이미 충분히 잘하고 있습니다.